Christel Gottwals

# Herzenssachen

Christel Gottwals

# Herzenssachen

Erzählungen

BRUNNEN
Verlag Giessen · Basel

MIX
Papier aus verantwortungsvollen Quellen
FSC® C006701


www.brunnen-verlag.de
Lektorat: Eva-Maria Busch
Umschlagmotiv: Andrea Göppel
Umschlaggestaltung: Sabine Schweda
Satz: DTP Brunnen
Herstellung: CPI – Ebner & Spiegel, Ulm
ISBN 978-3-7655-1150-9

# Inhalt

## *Aufeinander achten – Herzenssache*



## *Eine Frage des Vertrauens*

## *Abschied nehmen – weitergehen*



## *Auf neuen Wegen*

# Aufeinander achten – Herzenssache

# Du bist schön

Alena wird im Sommer vier Jahre alt, aber an Sommer ist jetzt noch gar nicht zu denken. Kühl ist es und regnerisch, obwohl doch schon Ostern vorbei ist.

Das Mädchen darf heute den ganzen Tag bei seiner Urgroßmutter sein, bei der Amo, denn so nennen sie alle. Alena weiß gar nicht, dass Amo noch einen anderen Namen hat. Tante Gabriele, Amos Tochter, ist auch bei der Amo zu Besuch, denn sie ist Lehrerin und hat gerade Ferien.

Am Nachmittag fahren sie mit Tante Gabrieles rotem Auto in die Stadt. Unterwegs ist Alena ganz still. Die Tante hat gesagt: „Wir müssen etwas für Amo kaufen. Etwas, was der Arzt ihr für den Rücken verschrieben hat." Was es ist, weiß Alena nicht genau. Sie ist ganz gespannt, wie das aussieht, was die Amo da für ihren Rücken braucht.

Auf dem Parkplatz steigen die drei aus. Alena läuft auf Amos rechte Seite und nimmt ihre Hand. Die Tante bleibt auf der anderen Seite und stützt ihre Mutter etwas beim Gehen. Es sind nur wenige Schritte bis zu dem Orthopädiegeschäft.

Drinnen gibt es interessante Dinge zu sehen: ein Stuhl, an dem unten Rollen befestigt sind, bunte Kissen, ein großer Ball. Die Urgroßmutter soll aber etwas für ihren Rücken bekommen. „Ein Korsett", sagen sie. Alena überlegt, was das wohl sein könnte.

Eine freundliche Verkäuferin bittet die alte Frau, sich in eine Kabine zu begeben. Tante Gabriele geht mit, denn sie will ihrer Mutter beim Ausziehen helfen. Das Korsett muss ja anprobiert werden. Die Kabine ist groß genug, sodass Alena auch noch hineinpasst. Ein bunter Vorhang wird zugezogen. Die Verkäuferin geht inzwischen ins Lager, um verschiedene Modelle zu holen.

Während die Tochter ihrer alten Mutter dabei hilft, Bluse und Unterwäsche auszuziehen, schießt ihr durch den Kopf: Wie wird die kleine Alena wohl reagieren? Was wird sie empfinden, wenn sie ihre Urgroßmutter so sieht: die trockene, faltige Haut, den gebeugten Rücken, den Körper einer achtzigjährigen Frau?

Alena blickt zu ihrer Urgroßmutter hinauf. Ganz offen und konzentriert ist ihr Blick. Und dann kommen diese wunderbaren Worte aus ihrem Mund, als wären es die selbstverständlichsten Worte der Welt: „Amo", sagt sie, „Amo, du bist schön."

Diese Begebenheit habe ich selbst nur erzählt bekommen. Und es ist mir kein bisschen peinlich zu sagen, dass mir Tränen in die Augen stiegen, als ich das hörte. So sehr haben mich die Worte dieses Kindes berührt.

Woher sind ihr diese Worte gekommen? Offenbar kamen sie aus ihrer tiefsten Kinderseele. Dort scheint es noch ein ursprüngliches, unverfälschtes Empfinden dafür zu geben, was wirklich schön ist in dieser Welt. Vermutlich haben kleine Kinder eine klarere Wahrnehmung für die elementaren Dinge dieses Lebens, weil sie noch nicht so stark beeinflusst, bestimmt und korrigiert worden sind. Niemand hat ihnen feste Bilder davon vermittelt, was als schön zu gelten hat und was nicht. Die Augen sehen, was da ist, und transportieren es direkt ins Herz.

> *Vermutlich haben Kinder eine klarere Wahrnehmung für die elementaren Dinge dieses Lebens.*

„Amo, du bist schön." Das haben Alenas Augen gesehen, das hat ihr Herz gespürt – und ihr Mund hat es ausgesprochen. Für mich sind Alenas Worte kostbarer als Perlen.

Wenn wir wieder solch einen Blick füreinander bekommen könnten, wie Alena ihn hatte, als sie ihre Urgroßmutter ansah … Es würde unser Leben reich machen!

Ja, ich denke, dass auch Gott uns mit ebendiesem Blick ansieht – uns alle – und uns sagt: „Du bist schön. Wunderbar bist du gemacht.“

## Der Elefant, der weinte

Dieser Elefant will mir nicht mehr aus dem Kopf gehen. Nach den Nachrichten war er plötzlich auf dem Bildschirm zu sehen. Ich weiß nicht mehr, in welcher Sendung, aber ich bin mir sicher: Der Elefant hat geweint.

Es war ein lautes, jämmerliches Getröte. Dabei stampfte er etwas unbeholfen und doch ganz vorsichtig rund um einen anderen Elefanten, der offenbar tot am Boden lag. Mit seinem Rüssel berührte er den reglosen Bruder – erst sanft, dann etwas energischer, an verschiedenen Körperstellen. Er sollte da nicht liegen bleiben, sollte aufstehen, lebendig sein! Ganz deutlich wurde sichtbar, wie betroffen der Elefant war, wie tief ihn das berührte und schmerzte, wie sehr er trauerte. Er verhielt sich sehr sensibel und achtsam gegenüber seinesgleichen, besonders gegenüber seiner eigenen Herde.

Immer wieder muss ich an diesen Elefanten denken. Dann wünsche ich mir, dass wir Menschen auch so sensibel und achtsam miteinander umgehen. Denn mir ist aufgefallen, dass viele sehr gleichgültig, ja abgestumpft scheinen gegenüber dem Schmerz und der Not anderer Menschen.

Wenn der Mann an der Unfallstelle zu mir sagt: „Kommen Sie, wir fahren. Der Krankenwagen und die Polizei müssen gleich da sein. Wenn wir hier bleiben, verlieren wir nur Zeit und bekommen obendrein noch Scherereien."

Ich erschrecke über solche Worte. Denn ich sehe, wie der junge Mann dort, der Fahrer des Unfallwagens, sich vor Schmerzen auf seinem Sitz krümmt. Seine Augen sind voller Angst auf mich gerichtet. Wir können ihn doch jetzt nicht allein lassen. Ich wende mich ihm zu, spreche mit ihm, frage nach seinem Namen, sage ihm, dass Hilfe schon unterwegs ist. Dabei höre ich, wie das Auto des älteren Mannes gestartet wird. Er fährt weg. – Der Elefant wäre wohl dageblieben, denke ich.

*Aber achtsam will ich bleiben und sensibel für die Momente, in denen es gut ist, stehen zu bleiben.*

Jesus ist auch stehen geblieben, wenn jemand in seiner Nähe in Nöten steckte oder einen großen Schmerz hatte, welcher Art auch immer. Er ist stehen geblieben, als er den Blinden rufen hörte: „Hilf mir; lass mich nicht allein!“ Er ist stehen geblieben, als er merkte, dass eine Frau seine Kleidung berührte, eine Frau, die so viel Blut verloren hatte und dadurch ganz schwach geworden war. Er sah die Angst in ihren Augen. Sie hoffte, dass er sich nicht abwandte, dass er ihr etwas von der Kraft gab, die aus der Liebe kommt. Sie hoffte so sehr. Und diese Hoffnung wurde nicht enttäuscht. Die Begegnung dauerte nur wenige Augenblicke, aber in denen geschah alles, was notwendig war.

Von Jesus lerne ich, dass ich achtsam bleibe auf meinem Weg. Meine Augen sehen, meine Ohren hören. Ich kann stehen bleiben, wenn es nötig ist. Ich kann und muss nicht alles Leid, das mir begegnet, auf meine Schultern packen. Aber achtsam will ich bleiben und sensibel für die Momente, in denen es gut ist, stehen zu bleiben. Vielleicht muss ich ein deutliches Wort sagen, vielleicht ein Stück meiner Gelassenheit weitergeben oder ein wenig der Kraft, die aus der Liebe kommt. Manchmal sind es nur Augenblicke, nur fünfzehn Minuten zusammen der Angst standhalten, bis Sanitäter und Notarzt kommen. Dann kann ich weitergehen oder weiterfahren.

Ja, manchmal erschrecke ich darüber, wie Menschen achtlos weitergehen, auch wenn es einfach nur menschlich wäre, jetzt stehen zu bleiben. Ich fürchte, dass wir dabei sind, etwas Wichtiges zu verlieren: das sogenannte „*Sympathein*". Das Wort kommt aus dem Griechischen und bedeutet „mit-leiden".

Mitleiden, achtsam sein, stehen bleiben können – eine Fähigkeit, die uns als Menschen ureigen ist. Der weinende Elefant erinnert mich daran.

## Herzensprüfung

Im Restaurant sitzen wir uns gegenüber, meine Freundin und ich. Beide haben wir einen anstrengenden Tag gehabt und erzählen uns davon. Ich komme gerade von einer Arbeitsgruppe mit Vikarinnen und Vikaren, jungen Erwachsenen, die in kurzer Zeit als Pfarrerinnen und Pfarrer in Gemeinden arbeiten werden. Zuvor allerdings müssen sie noch einmal in verschiedenen Fächern Prüfungen ablegen.

„Was für Prüfungen sind denn das?", will meine Freundin wissen.

So erzähle ich ihr von Prüfungen in der Schule, im Religionsunterricht. Ich erzähle von einer

Predigtarbeit, die geschrieben werden muss – da unterbricht mich meine Freundin: „Werden diese angehenden Pfarrerinnen und Pfarrer denn auch darin geprüft, ob sie ein Herz haben?“

„Wie meinst du das?“, frage ich erstaunt zurück.

„Ich meine, wird auch geprüft, ob sie sozusagen ein Herz haben für Menschen in all ihren unterschiedlichen Fragen und Problemen?“

„Nein, so eine Art ‚Herzensprüfung‘, die gibt es nicht. Wie sollte das auch gehen?“

Irgendwie scheint meine Freundin enttäuscht zu sein. Sie hat eine Vorstellung davon, wie Kirche sein müsste. Dazu gehört vor allem, dass die Menschen, die dort arbeiten, so etwas wie ein „Herz“ haben. Das bedeutet wohl zuerst einmal, dass Pfarrerinnen und Pfarrer Menschen lieben können, dass sie ihnen mindestens mit Respekt begegnen und ihnen zuhören können. Dass sie nicht vorschnell urteilen, sondern verstehen und nachsehen können. Sie sollen ausstrahlen, dass sie ein Herz haben für die, die straucheln oder zweifeln, für Überhebliche und Unverbesserliche. Sie sollen, eben weil sie ein Herz haben, Menschen ein Stück begleiten können, auch wenn sie nicht alles gutheißen, was jemand getan und wie jemand gelebt hat. Sie sollen mit ihrem ganzen Herzen auch bei denen sein, für die es nach menschlichen Maßstäben keine Hilfe mehr gibt.

Meine Freundin hat ausgesprochen, was viele denken. Pfarrerinnen und Pfarrer müssen ein Herz haben. Darüber denke ich nach. Viele Vikarinnen und Vikare, mit denen ich gearbeitet habe, ziehen an meinem inneren Auge vorüber. O ja, die hatten und die haben ein Herz, wenigstens die meisten. Das konnte zwar nicht geprüft werden, so wie man prüft, ob jemand eine gute Predigt verfassen kann. Aber es hat sich gezeigt, wenn in den Gruppen gearbeitet wurde.

*Ich denke an wache Augen, glühende Wangen und engagierte Worte.*

Ich weiß noch, wie ein Vikar zum ersten Mal eine Todesnachricht überbringen musste. Dabei hatte er immer an sich gezweifelt, ob er denn ein guter Seelsorger wäre. Und dann hat er diese schwere Aufgabe so behutsam und liebevoll bewältigt.

Ich erinnere mich an eine Vikarin, die sich tage- und nächtelang Gedanken gemacht hat, wie sie einem verhaltensauffälligen Schüler im Religionsunterricht helfen könnte, aus seiner destruktiven Situation herauszufinden. Von einer anderen Vikarin weiß ich, dass sie ihren Urlaub verschoben hat, um einen schwerkranken Mann, der keine Angehörigen mehr hatte, in den letzten Tagen seines Lebens zu begleiten. Ich denke an wache Augen, glühende Wangen und engagierte Worte. Davon erzähle ich meiner Freundin.

Bei den meisten dieser jungen Menschen hat irgendwann in ihrem früheren Leben einmal ihr Herz innerlich geleuchtet, als sie an diesen Beruf gedacht haben. Irgendein Mensch, irgendeine Situation hat dazu geführt, dass sozusagen ihr Herz reagiert hat, sodass sie diese Arbeit tun wollten.

Dieses Leuchten mag auf dem langen Weg in den Pfarrberuf zeitweise in Vergessenheit geraten sein. Und doch hat es auf diesem Weg immer wieder Augenblicke gegeben, in denen sie es wieder bemerkt haben. Nicht nur sie selbst – auch andere nehmen dieses Leuchten im Herzen wahr und lassen sich davon bewegen. Es springt über, denn es ist eine Himmelskraft.

## Gemeindeausflug mit Hindernis

Es ist eine der merkwürdigsten Geschichten, die ich je gehört habe. Ein junger Pfarrer hat sie mir erzählt. Erst vor ein paar Monaten ist er in den kleinen Ort gekommen. Und nun hat er einen

Ausflug geplant, um die Menschen seiner Gemeinde näher kennenzulernen.

Alles ist gut vorbereitet. Von seinem Büro aus kann der Pfarrer sehen, wie Frauen und Männer in den Bus einsteigen und sich dabei angeregt unterhalten. Er überprüft noch einmal die Unterlagen. Zeitplan, Sammeleintrittskarten, Fahrtroute: Alles ist da, stellt er beruhigt fest. Doch im selben Moment geht die Tür auf und die Sekretärin platzt herein.

„Ausgerechnet jetzt sitzt da wieder so einer!“, sagt sie nervös. „Ausgerechnet jetzt, wo wir doch gleich losfahren wollen, sitzt da einer auf der Treppe. Und stellen Sie sich vor: Er will auch noch mitfahren!“

„Wer sitzt auf der Treppe?“, will der Pfarrer wissen.

„Na ja, wieder so ein ... ein Obdachloser“, antwortet die Sekretärin und seufzt. „Und wissen Sie was? Er will auch noch mitfahren, hat er gesagt.“

Der Pfarrer holt tief Luft und überlegt. Wie werden die anderen reagieren? Er hört schon förmlich die Fragen und Einwände: *Was denn, den sollen wir mitnehmen? Wohin wir auch kommen, mit dem blamieren wir uns doch nur. Den lassen sie doch weder in das feine Schloss noch ins Restaurant ...* Bestimmt werden einige gar nicht erst zulassen, dass er in den Bus einsteigt. Der Man riecht sicher unangenehm, außerdem hat er nichts für die Fahrt bezahlt. *Nein, Herr Pfarrer, das geht beim besten Willen nicht. Geben Sie ihm etwas Geld, aber dann soll er uns in Ruhe lassen ...* Ja, so werden sie sagen.

Irgendwie ist es ja auch unzumutbar, den Obdachlosen mitzunehmen. Und *wenn* er es täte, dann müsste er sich die ganze Zeit Beschwerden anhören, er müsste beruhigen, vermitteln, um Verständnis bitten – und womöglich selbst noch den Geruch des Mannes ertragen. Mit einem Seufzer geht er hinaus zur Treppe. Die Sekretärin folgt ihm mit einem kleinen Abstand. Vor dem Obdachlosen bleibt er stehen und sieht ihn an. Viel von ihm kann er nicht erkennen, aber der Mann scheint schon etwas älter zu sein. Er trägt zerlumpte Kleidung und hat noch eine alte Decke um sich geschlagen. Langes zerzaustes Haar quillt aus der Strickmütze, die er tief in sein angeschmutztes Gesicht gezogen hat. Er blickt zur Seite und vermeidet es, den Pfarrer direkt anzusehen.

„Guten Tag ... Sie wollen also mit uns fahren", beginnt dieser das Gespräch.

„Ja, ja, möchte mitfahren. Weiß, wo es hingeht ..." Mit merkwürdiger Stimme hat der

Obdachlose gesprochen und den Blick weiter abgewandt.

Der Pfarrer ist ratlos und verwundert. Woher weiß dieser Mensch bloß, wo die Fahrt hingeht? Was soll er tun?

Jetzt, gerade im Moment größter Hilflosigkeit, passiert etwas. Der Obdachlose steht auf, wendet sich dem Pfarrer zu, zieht die Strickmütze ab, samt der Perücke mit dem wuscheligen Haar.

*Geben Sie ihm etwas Geld, aber dann soll er uns in Ruhe lassen …*

Der Pfarrer muss zweimal hinsehen und kann es kaum fassen. Vor ihm steht mit schmutzigem Gesicht – sein eigener Vater!

„Was um Himmels willen …“, ruft er aus und nimmt den Vater im selben Moment in die Arme. Dann sieht er ihn an: „Was hast du dir dabei nur gedacht?“

„Ich habe dir doch gesagt, dass ich dich irgendwann einmal richtig überraschen werde, wenn du gar nicht dran denkst.“

Der junge Pfarrer schüttelt den Kopf. „Auf so eine Idee zu kommen … Du hast mich vielleicht ins Schwitzen gebracht!“

Gerne hätte ich noch mehr darüber erfahren, warum der Vater den Sohn auf solch eine Probe gestellt hat. Aber die Zeit war knapp und ich hatte auch nicht das Gefühl, der junge Mann könnte darauf eine schnelle Antwort geben. Ich habe aber noch im Ohr, was er sagte, bevor wir uns verabschieden mussten: „Weißt du“, sagte er, „seit dem Tag schaue ich mir die Menschen, die hier vorbeikommen, ein bisschen genauer an. Wenn's irgend geht, nehme ich mir auch Zeit für sie, lade sie auf einen Kaffee ein oder was auch immer. Es könnte ja mein Vater sein, meine Schwester oder mein Bruder …“

## Hinkefuß

Eine gute Idee hat die Lehrerin für ihren Religionsunterricht in der fünften Klasse gehabt.

„Such dir eins von den Zehn Geboten aus“, gibt sie den Schülern als Aufsatzthema. „Such dir eins aus, das du besonders wichtig findest. Schreib auf, warum es dir wichtig ist.“

„Wie viele Zeilen müssen wir schreiben?“, fragt Tina zurück.

„So viele, bis alles drinsteht, was wichtig ist“, lautet die Antwort.

Langsam wird es leiser im Klassenraum. In

der hinteren Reihe spitzt noch jemand den Bleistift, aber dann schreiben sie alle. Die Lehrerin überfliegt mit den Augen die Klasse und bleibt bei Timmi hängen. Ihm fällt es besonders schwer, sich auch nur wenige Minuten mit einer Aufgabe zu beschäftigen. Immer ist er es, der die Konzentration im Unterricht stört. Mal stößt er einen Schrei aus und lacht dann über die verdutzten Gesichter oder er nimmt seinem Nachbarn etwas weg – und schon gibt es Lärm und Streit.

Timmi lebt in einem Viertel, das viele „sozialer Brennpunkt" nennen. Seine Eltern haben wenig Zeit für ihn. Für sein Alter ist Timmi etwas zu kurz geraten. Ein klein wenig hinkt er beim Gehen. Er ist bekannt dafür, dass er sehr laut ist, schnell wütend wird und zuschlägt. „Ein Grenzfall", hatte der Direktor am Anfang zu der Lehrerin gesagt. „Wir wissen nicht, ob wir ihn hier in dieser Schule behalten können. Wenn es mal zu schwer wird mit ihm, schicken Sie ihn rüber zu mir."

Merkwürdig: Schon mehr als fünf Minuten herrscht eine konzentrierte Stille in der Klasse. Auch Timmi hat den Kopf tief übers Heft gebeugt und schreibt. Die Lehrerin wundert sich. Jeden Moment rechnet sie damit, dass sich alles schlagartig ändert, so wie immer. Aber heute ist es anders.

Timmi schreibt und schreibt. Nach etwa zehn Minuten ist Tina fertig und legt den Stift weg. Andere folgen. Timmi gehört zu den Letzten, die aufhören zu schreiben. Erschöpft seufzt er auf und hebt den Kopf. Wer mag, darf jetzt vorlesen, welches Gebot ganz wichtig ist und warum.

„Du sollst nicht töten." Das Gebot haben viele ausgewählt. Dass Menschen andere Menschen töten, dass Erwachsene Kinder töten, das ist besonders furchtbar und schlimm, das soll aufhören, und zwar sofort.

*„Gott soll es nicht auch noch so gehen wie mir …"*

Die Lehrerin überlegt, ob sie Timmi bitten soll, seinen Text vorzulesen. Meist lehnt er solche Anfragen energisch ab, aber sie versucht es trotzdem. Und Timmi lässt sich tatsächlich darauf ein. Erst seufzt er noch einmal tief, dann liest er langsam und deutlich, was er geschrieben hat.

Die Situation ist so ungewöhnlich, dass es im Klassenraum ganz still wird. Alle hören auf Timmis Stimme: „Das wichtigste Gebot ist Nummer zwei. Da steht nämlich, dass die Menschen keine doofen Witze machen sollen mit dem Namen von Gott und ihn nicht verspotten sollen mit seinem Namen. Also bei uns in der Straße und auf dem Schulhof sagen sie immer blöde Namen zu mir.

Hinkefuß rufen sie oder Kellerassel, weil wir im Keller wohnen. Fast niemand ruft mich Timmi. Das nervt mich total. Ich hasse es. Und dem Gott soll es nicht auch noch so gehen wie mir."

Ja, nur Timmi hat sich das zweite Gebot ausgesucht. Und in diesem Augenblick haben auch alle Mädchen und Jungen in der Klasse verstanden, warum. Niemand hat darüber gelacht. In der Schule wird er nun viel öfter mit seinem richtigen Namen genannt, in seiner Straße vermutlich nicht.

*„Du sollst den Namen Gottes nicht unnützlich führen …"*, das heißt doch: seinen Namen nicht gebrauchen, um unnütze, böse Dinge zu sagen und zu tun …

Timmi hat recht. Das zweite Gebot ist wirklich ganz wichtig – eben auch für den einzigen, unverwechselbaren Gott, mit dessen Namen wir achtsam umgehen sollen. Für den Gott, der uns anspricht mit unserem Namen und sagt: Dich meine ich. Du bist mir wichtig. Du bist kostbar und einzigartig auf dieser Welt.

## Wiedersehen macht Freude?

Die junge Frau in der Talkshow erzählt unter Tränen, was sie schon alles unternommen hat, um ihre leibliche Mutter wiederzusehen. Mit drei Jahren ist sie zur Adoption freigegeben worden. Die Gründe bleiben im Dunkeln. Alle Versuche, die sie inzwischen unternommen hat, die Mutter zu finden, sind gescheitert.

Doch der Moderator verkündet stolz und mit breiten Worten: „Das Team vom Sender hat es geschafft. Ihre Mutter ist heute hier!"

Und dann dieser intime Moment, bei dem doch so viele zuschauen … Eine Seitentür geht auf und die so lange vermisste und gesuchte Mutter betritt das Studio. Etwas unsicher geht sie auf die Tochter zu, die inzwischen aufgestanden ist und ihr entgegengeht. Umarmung, Tränen, Schluchzen – ein berührender Augenblick, der, wie ich meine, eigentlich in private Räume gehört.

Wiedersehen macht Freude. Kürzlich habe ich sogar eine Frau kennengelernt, deren *Beruf* es geworden ist, Menschen wiederzufinden. Mit anderen zusammen hat sie dazu eine Agentur gegründet.

„Wiedersehen macht *nicht immer* Freude", sagt sie und erzählt, was sie erlebt hat. Oft sind es ja ganz schwierige Geschichten, die zur Trennung vor langer Zeit geführt haben. Menschen sind vielleicht restlos überfordert und flüchten deshalb in ein anderes Leben. Andere sind derart in einen Konflikt verstrickt, dass sie keinen anderen Weg wissen, als sich radikal zu trennen. So viele schmerzliche Geschichten von verschollenen Brüdern und vermissten Schwestern, von verloren gegangenen Eltern und vergeblich gesuchten Frauen und Männern, die einmal beste Freundinnen und Freunde waren …

Irgendwann, nach vielen Jahren, wächst der Wunsch, sich wiederzusehen. Aber dann ist da die Angst vor dem, was von der schmerzlichen Geschichte noch übrig sein könnte. Im glücklichsten Fall haben beide Seiten inzwischen überwunden, was damals zur Trennung geführt hat. Man kann neu miteinander anfangen. Aber das gelingt nicht immer. Manchmal brechen uralte Vorwürfe wieder auf. Dann ist die erste Wiedersehensfreude schnell dahin.

Kinder, die ein Elternteil suchen, haben manchmal ein Wunschbild in sich aufgebaut. Ein großer, starker Vater soll es sein, der souverän die Dinge des Lebens meistert. Aber dann geht die Tür auf … und ein kleiner, untersetzter und eher unsicherer Mann betritt den Raum.

Nein, Wiedersehen macht durchaus nicht immer nur Freude. *Aber sie schafft Klarheit.* Verklärte Bilder müssen durch realistische ersetzt werden. Die Dinge künstlich schönreden, das hilft keinem. Aber überwinden und loslassen – das führt weiter.

Genau davon erzählen auch Wiedersehensgeschichten in der Bibel. Eine der bekanntesten ist die vom verlorenen Sohn. Nach vielen Jahren kehrt dieser ins Elternhaus zurück, nachdem er in fremden Gegenden und mit falschen Freunden sein Erbteil durchgebracht hat. Abgerissen und mittellos kommt er heim. Sein Vater freut sich so sehr darüber, dass er gleich ein großes Fest vorbereiten lässt. Die Liebe zu seinem Sohn war immer lebendig und stark geblieben, trotz Enttäuschung und Schmerz. Er kann loslassen, verzeihen und neu anfangen. Der Bruder kann das noch nicht. Er misstraut dem Zurückgekehrten und ihn schmerzt, wie der Vater sich verhält. Es werden noch viele Erfahrungen miteinander nötig sein, bis auch er wieder Liebe zu seinem Bruder verspüren kann.

*Oft sind es ganz schwierige Geschichten, die zur Trennung geführt haben.*

Nein, Wiedersehen macht nicht immer nur Freude. Aber dabei kann sich vieles klären, das uns weiterhilft im Leben. Wen auch immer Sie schon längst einmal wiedersehen wollen, gehen Sie mutig darauf zu, auch wenn es viel Zeit kostet. Gott ist mit allen, die der Liebe Raum geben, alte Geschichten überwinden und einander neu begegnen wollen.

## Durch die Wand gehen

Es gibt Augenblicke, da möchte man einfach durch Wände gehen können. Ein Freund hat mir gerade von solch einer Situation erzählt.

Vor einigen Tagen hörte er in der Nachbarwohnung einen kleinen Jungen laut weinen. Als das Weinen gar nicht aufhören wollte, klopfte er vorsichtig an die Wand. Für kurze Zeit herrschte Stille, aber dann war das Weinen wieder zu hören. Daraufhin ging er in den Hausflur und klingelte an der Wohnungstür. Als er von innen Schritte hörte, rief er: „Was ist denn los mit dir? Warum weinst du?"

Zuerst kam nur ein verzweifeltes Schniefen, doch er redete weiter mit dem Kind durch die verschlossene Türe hindurch. Endlich bekam er Antwort. Offenbar war der kleine Junge allein in der Wohnung. Irgendein Geräusch hatte ihm Angst gemacht und weil niemand sonst da war, hatte er zu weinen begonnen.

Noch während mein Freund vor der Tür stand, kam die Mutter des Jungen die Treppe herauf. Nur zehn Minuten war sie weg gewesen, hatte den Müll hinuntergebracht und nach der Wäsche im Keller gesehen. Als sie die Türe aufschloss und den kleinen Jungen in die Arme nahm, war sein Kummer schnell vergessen.

Das ist nun schon einige Tage her. Aber ich habe seitdem noch oft daran denken müssen.

Ich erinnere mich an Situationen, in denen auch ich gerne durch Wände gegangen wäre. Und es kommt immer noch vor. Ungerechtigkeit verhindern, Unmenschlichkeit aufdecken, Böses stoppen, bevor Schaden entsteht – das würde mir gefallen. Durch eine Wand gehen, hinter der Menschen wichtige Entscheidungen treffen. Durch die Wand gehen, weil ich nicht eingeladen bin und doch etwas zu sagen hätte. Aber auch: ein wenig Licht in verschattete Räume bringen, gute Worte hinterlassen, die wärmen und hoffen lassen, wo die Kälte regiert; jemanden in den Arm nehmen, der schon lange nicht mehr weiß, wie sich das anfühlt … Es gibt so viele gute Gründe, durch Wände zu gehen – und doch lohnt es sich *nicht*.

Heinz Rühmann hat das 1959 in einem alten Film ausgesprochen. Dort sagte er: „Ich habe eine Entdeckung gemacht: Es lohnt sich nicht, durch irgendeine Wand zu gehen." Zuerst hatte er sich auch gewünscht, es zu können, weil er erlebt hatte, wie ungerecht die Welt, die Menschen sind, wie viele Arme und Leidende durch unmenschliche Regeln und Verfahrensweisen noch tiefer in ihre Armut, ihr Leid hineingetrieben werden. Als er jedoch tatsächlich im Film durch Wände gehen konnte, war er irgendwann enttäuscht, weil er merkte, wie wenig er dadurch ausrichten konnte. Ein wenig kurzes Glück herbeiführen, ein wenig Verwirrung stiften – das schon –, aber nichts Wesentliches änderte sich. Zuletzt bleibt ihm die ernüchternde Erkenntnis: „Es lohnt sich nicht, durch irgendeine Wand zu gehen."

*Es lohnt sich, einen guten Umgang mit Türen zu lernen.*

Nein, es lohnt sich wirklich nicht. Viel besser ist es, wenn ich mich den entsprechenden Türen zuwende. Manchmal reicht es, vor einer verschlossenen Tür zu stehen und mit jemandem zu sprechen. Ein anderes Mal kann es nötig sein, dass ich mutig und beherzt anklopfe, vielleicht auch beharrlich, wenn mir etwas sehr wichtig erscheint.

Natürlich freue ich mich, wenn eine Tür aufgeht, an der ich angeklopft habe. Dort, wo ich eingelassen werde, will ich ganz für die anderen da sein. Aber gelegentlich gibt es Türen, die lange verschlossen bleiben. Ich weiß, dass auch sie eine Aufgabe zu erfüllen haben – und dann will ich auch ein klares Nein hören und hinnehmen. Es lohnt sich nicht, durch irgendeine Wand zu gehen. Es lohnt sich aber, einen guten Umgang mit Türen zu lernen. So wird das Leben etwas leichter – und manchmal auch ein wenig heiter.

## So ein Morgen!

Es gibt Tage, an denen überschlagen sich schon am Morgen die Ereignisse. Nichts läuft wie geplant. Alles gerät durcheinander. Man wird nervös und möchte am liebsten davonlaufen. So ist es auch Frau Müller ergangen – an einem ganz gewöhnlichen Dienstagmorgen.

Ein großer Stapel Wäsche hat sich angesammelt. Und gerade jetzt streikt die Waschmaschine. Im Bad macht sich eine Überschwemmung breit.

„Ausgerechnet heute!“, seufzt Frau Müller.

„Wo ich doch im Garten Sträucher anpflanzen wollte …" Sie ist noch dabei, das Wasser aufzuwischen, als draußen schon die Schwägerin vorfährt und hupt.

„Komme gleich", ruft Frau Müller und stellt den Putzeimer beiseite. In diesem Augenblick klingelt das Telefon. Die Schulsekretärin ist am Apparat.

„Ihre Tochter Sabrina hat einen Sportunfall gehabt und ist am Kopf verletzt", sagt die Sekretärin, „sie ist bereits im Krankenhaus."

Frau Müller fährt der Schrecken in alle Glieder. Sie rennt zu ihrer Schwägerin hinaus. „Ich muss sofort ins Krankenhaus", erklärt sie ihr. „Sabrina hat sich im Sport verletzt. Du musst ohne mich zum Gärtner fahren."

Als Frau Müller im Krankenhaus ankommt, findet sie Sabrina im Wartezimmer der Ambulanz. Blass und zerzaust sitzt sie dort, auf den Wangen noch Spuren von Tränen. Am Haar klebt Blut.

Im Röntgenraum sei sie schon gewesen, erzählt sie mit kläglicher Stimme. Gleich würde der Arzt kommen, um die Platzwunde zu nähen. Sabrina hat Angst. „Das tut bestimmt weh", jammert sie.

Die Mutter will trösten, aber sie ist selbst so aufgeregt, dass es ihr nicht recht gelingt.

„Das tut nicht weh", meldet sich da eine Frau zu Wort, die auch im Wartezimmer sitzt. Sie wendet sich Sabrina zu. „Der Arzt betäubt die Stelle, bevor er näht. Dann spürst du es nicht. Ich kenne ihn schon lange. Er ist ein guter Arzt. Er wird deine Wunde so schön vernähen, dass man bald nichts mehr sieht." So ruhig spricht die Frau. Das tut gut.

Frau Müller atmet auf. Aber dann fällt ihr ein, dass Paul ja gleich aus dem Kindergarten abgeholt werden muss. Er wird weinen, wenn die Mama nicht kommt.

„Ach du liebe Zeit", sagt sie, „was mache ich bloß?"

„Haben Sie niemanden, der Ihren Sohn abholen kann und zu sich nimmt, bis Sie wieder daheim sind?"

„Doch", fällt da Frau Müller ein. „Die Nachbarin hat das schon manchmal getan."

Die fremde Frau im Wartezimmer lässt sich die Telefonnummer der Nachbarin geben. Sie will anrufen und ihr Bescheid sagen. Seufzend lässt sich Frau Müller auf einen Stuhl sinken. Das tut gut: Mitten im Durcheinander dieses Vormittags ist jemand einfach da und denkt mit.

Jetzt werden sie ins Behandlungszimmer gerufen. Ruhig und einfühlsam vernäht der Arzt die

Kopfwunde. Es tut gar nicht weh. Danach darf Sabrina mit ihrer Mutter heimfahren.

„Das war vielleicht ein Morgen“, seufzt Frau Müller, als sie längst wieder daheim sind. Aber dann fällt ihr die Frau im Wartezimmer ein, deren Namen sie nicht einmal kennt. Mitten in allem Durcheinander und Schrecken hat sie Ruhe vermittelt, einfach das Selbstverständliche getan. Auch an den Arzt muss sie denken. Mit sicherer Hand, behutsam und ohne viele Worte, hat er die Wunde vernäht. Solche Erfahrungen sind kostbar.

*Das tut gut: Mitten im Durcheinander des Vormittags ist jemand da und denkt mit.*

Diese Geschichte hat mir wieder einmal gezeigt: Das Leben bleibt für uns unberechenbar. Oft kommt etwas ganz anders, als wir es geplant haben. Vieles kann schnell durcheinandergeraten. Dann verlieren wir leicht den Überblick, werden ängstlich und unsicher. Manchmal wird die Angst so groß, dass wir denken, wir müssten darin versinken. Wie gut, wenn wir dann Menschen begegnen, die uns mit wenigen Worten zur Ruhe bringen und das Selbstverständliche tun.

Ich stelle mir vor, dass uns durch solche Menschen Gott begegnet, dass er uns durch sie sagt:

„Ich bin mit dir, was auch geschieht. Fürchte dich nicht."

## Engel im Schnee

An einem kalten Nachmittag im Januar begegne ich ihnen – den Sternsingern. Irgendwo weit draußen, außerhalb des Ortes sehe ich auf einer schneebedeckten Wiese plötzlich ein paar rote und goldene Tücher liegen. Als ich näher komme, merke ich, dass die Tücher sich ja bewegen. Es sind die Sternsinger, die am Vormittag in unserem Ort unterwegs waren. Sie liegen mitsamt ihren schönen Königsgewändern auf dem Rücken auf der tief verschneiten Wiese, lachen und klopfen mit ihren Armen rundum in den Schnee.

Jetzt verstehe ich, was sie tun: Sie machen Engel, bilden Engelfiguren im Schnee ab. Das kenne ich selbst aus Kindertagen. Man lässt sich rücklings in den Schnee fallen, legt beide Arme an die Beine an und klopft dann Stückchen für Stückchen mit den Armen bis hinauf über den Kopf. So entsteht im frischen Schnee das Bild eines weißen Engels mit schönen großen Flügeln. Hier sind es aber nun gleich drei unterschiedlich große Engel, die die Sternsinger in den Schnee eingedrückt haben. Sie sehen besonders fein aus, weil die Königsgewänder im Schnee Spuren hinterlassen haben, die an zarte Engelgewänder erinnern.

Als die drei mich bemerken, sind sie zuerst erschrocken. Vielleicht befürchten sie, ich könnte sie an ihre Pflichten als Sternsinger erinnern. Aber ich nicke ihnen aufmunternd zu. Da kommen sie herüber, mit vorsichtigen Schritten, um ja nicht zu viel von dem frischen Schnee und den schönen Engelfiguren zu beschädigen.

Zwei Jungen und ein kleines Mädchen stehen mir gegenüber, lächeln verlegen und klopfen sich den Schnee von den Königsgewändern. Der größte Junge schaut mich etwas unsicher an und sagt: „Ach, wir waren einfach richtig müde geworden."

Dann erzählen sie abwechseln. Seit dem Morgen sind sie schon unterwegs, haben vor vielen Haustüren ihre Lieder gesungen, ihre Segenswünsche ausgesprochen und ihre Bitte um eine Spende vorgetragen. So viele Türen, so viele Lieder und Worte, so viele Namenszeichen der Heiligen Drei Könige, die sie mit Kreide an Türrahmen geschrieben haben.

„Wir wollten einfach mal raus aus dem Ort,

ein bisschen rumtoben. Man muss ja immer so ruhig stehen an den Türen …"

„Ja", sagt da die Kleinste und rückt sich die schöne goldene Pappkrone auf ihrem Kopf zurecht, „ja, und dann haben wir gedacht, wir machen ein paar Engel im Schnee. Die Menschen brauchen doch Engel. Es soll eine Nachricht sein an Gott. Vielleicht sieht er herunter auf die Wiese und schickt dann echte zu den Menschen."

„Das ist eine gute Idee", antworte ich. „Ihr habt recht, die Menschen brauchen Engel."

Alle drei nicken und klopfen sich weiter den Schnee aus den Königsgewändern und von den Schuhen. Zusammen machen wir uns auf den Rückweg. Die große weiße Wiese mit den drei Schnee-Engeln liegt still und verlassen hinter uns.

Auf dem Rückweg sprechen die Kinder darüber, warum die Menschen Engel brauchen. „Die sollen einen davor bewahren, dass man etwas Böses tut." – „Sie können auch dafür sorgen, dass Menschen merken, wenn andere in Not sind." – „Engel können trösten, wenn jemand ganz traurig ist. Und man hat auch schon gehört, dass sie gelegentlich Menschen besuchen, die oft alleine sind." – „Manchmal gehen sie ein Stück neben jemandem her, der gerade ein schweres Herz hat." So viele Gedanken darüber, warum

Menschen Engel brauchen, so viel Begeisterung und unerschütterlicher Glaube daran, dass Gott den Menschen seine Engel schicken kann!

„Glaubst du auch, dass es Engel gibt?“, fragt der kleinere Junge neugierig.

„Ja, ich glaube, dass Gott uns Engel schicken kann“, antworte ich.

*Glaubst du auch, dass es Engel gibt?*

Als die drei Sternsinger längst gegangen sind, merke ich, wie sehr mich die Begegnung mit ihnen berührt hat. Mit einem schweren Herzen bin ich unterwegs gewesen. Vielleicht hat Gott mir diese drei geschickt, dass sie ein Stück mit mir gehen und mein Herz wieder leichter wird.

## Ein Kuss

Ein so großes und lautes Straßenfest habe ich noch nicht erlebt. Kunstgewerbe aus vielen Ländern, dazu die Angebote der Läden. Von den Imbissbuden wehen verführerische Düfte herüber, da gibt es Hobbymaler, die ihre Bilder verkaufen wollen, Jongleure und Clowns. Und dazu ganz laute Musik: lärmende Rockmusik, in die sich volkstümliche Weisen mischen; asiatische Klänge, die erschlagen werden von Techno. Und so viele Menschen, die sehen und erleben, die mit dabei sein wollen.

Langsam schlendre ich mit meiner Freundin die lange, bunte Straße hinunter. Es ist so laut, dass wir uns nur schwer verständigen können. Plötzlich zieht sie mich am Ärmel. Ich drehe mich um. Wir stehen neben einer menschengroßen Bronzefigur, einer muskulösen, wenig bekleideten männlichen Skulptur aus dem alten Griechenland. Ganz still steht sie dort auf einem kleinen Podest.

„Steht die Skulptur immer hier?“, frage ich.

„Nein.“ Meine Freundin lächelt, dann flüstert sie mir ins Ohr: „Der ist echt!“

Überrascht blicke ich noch einmal zu der Skulptur hoch, schaue ihr direkt in die Augen. Tatsächlich! Ein kleiner Lidschlag nur, eine minimale Augenbewegung – und schon ist mir klar, dass dieser Mann hier sehr lebendig ist und eine wirklich gute Idee hatte, etwas künstlerisch darzustellen. Sein durchtrainierter Körper ist komplett samt den Haaren mit bronzener Farbe bemalt. Er steht auf einer Kiste, die mit einem silberfarbenen Tuch bedeckt ist, und hat die typische Pose eines griechischen Athleten angenommen. Das ist Kunst! Und es ist bestimmt nicht leicht. Denn in all dem Tumult und der sich gegenseitig übertönenden Musik steht da einer ganz still, beinahe reglos, ganz in sich gekehrt. Ich beobachte, dass er nur in ganz großen Zeitabständen durch einen Lidschlag seine Augen befeuchtet. Wer schnell vorübergeht, merkt gar nicht, dass da wirklich ein lebendiger Mensch steht.

Aber einige haben offenbar doch länger hingesehen. Eine kleine Menschentraube hat sich um den Mann herum gebildet. Mitten in der Hektik und dem Trubel des Straßenfestes ist dort eine kleine, ruhige Insel entstanden. Faszinierend, wie gerade die Stille, die von dieser Gestalt ausgeht, auf die Umstehenden überspringt. Auch ihre Bewegungen werden langsamer. Sie stehen um die bronzene Gestalt herum, achten darauf, eine kleine Bewegung zu bemerken, einen Lidschlag, eine winzige Augen- oder Kopfbewegung.

*Mitten in dem Trubel des Straßenfestes ist eine kleine, ruhige Insel entstanden.*

Menschen flüstern miteinander, mitten im lauten Lärm des Straßenfestes: „Schau nur, er öffnet ganz langsam die Hand! Sieh nur, der Mund formt sich wie in Zeitlupe zu einem Kuss.“ Die Zuschauerin, die ihm gegenübersteht, zuckt zusammen. Er hat sie angesehen dabei. Die Menschengruppe rundum hat es auch bemerkt und freut sich daran. Lächelnde Gesichter, entspannte Blicke.

„Wollen wir weitergehen?“, fragt meine Freundin leise. Ja, wir gehen weiter. Ich staune, dass mehr als zwanzig Minuten vergangen sind.

Wir haben noch einiges gesehen an diesem Tag. Aber am tiefsten eingeprägt hat sich dieser Künstler durch sein stilles Dastehen. Mitten im Lebenstrubel, wo ein Reiz den anderen übertrumpfen will, mitten darin Menschen, die ganz langsame Bewegungen genau verfolgen und dabei neu erkennen, wie bedeutsam eine winzige Geste oder der Ansatz eines Lächelns sein kann.

Wer achtsam bleibt, sensibel wahrnimmt, wird vom Leben reich beschenkt – und manchmal wirft es ihm sogar einen Kuss zu …

# Eine Frage des Vertrauens

# Zuckerwatte

Von ihrem Fenster aus hat sie es entdeckt. Drüben auf dem großen Platz haben sie einen Jahrmarkt aufgebaut. Und das hat sie unruhig gemacht. Wirklich, da steht plötzlich ein Riesenrad, ganz so wie in alter Zeit, dazu ein Karussell, viele Buden und bunte Stände.

Es sieht ganz ähnlich aus wie früher in ihrer Kindheit. Damals gehörte es zu den wunderbarsten Dingen, mit Mutter und Vater über den Jahrmarkt zu gehen. Der fand immer im Herbst statt, wenn die Felder abgeerntet und die Scheunen voll waren. Nach der schweren Arbeit durfte man Spaß haben und konnte sich nebenbei auch mit praktischen Dingen eindecken, die im Laufe der Zeit ausgegangen waren. Es gab Schnürsenkel und Zwirn zu kaufen, irdene Töpfe, schöne Stoffe und vieles mehr. Mit dem Karussell fahren und danach Zuckerwatte essen – das war für sie als Kind das Größte gewesen.

Jetzt steht sie am Fenster und spürt, wie Wehmut in ihr aufsteigt. Den großen Hof, die Heimat, die Eltern, all das ist schon so lange her. Jetzt gibt es nur noch dieses kleine Ein-Zimmer-Appartement, den mürrischen Vermieter in der oberen Etage und die alte Frau Seiler vom Flur gegenüber. Die ist früher wohl eine feine Dame gewesen, aber aus irgendeinem Grund ist auch ihr nicht viel geblieben. Frau Seiler muss genau wie sie mit ganz wenig Geld durch den Monat kommen. Aber an ihren Kleidern, die sie noch von früher besitzt, merkt man, dass sie aus der „besseren" Gesellschaft stammt.

Ob Frau Seiler wohl mit ihr auf den Jahrmarkt gehen würde? Sie würde so gerne einmal wieder zu diesem fröhlichen Rummel, ein wenig in Erinnerungen eintauchen. Geld hat sie kaum mehr übrig. Aber kaufen muss sie ja nichts, nur ein wenig schauen und träumen …

Vorsichtig geht sie über den Flur und klopft bei der Nachbarin. Aber die schüttelt nur den Kopf. Nein, daran hat sie keinen Spaß.

„War ja nur so eine Idee", murmelt sie und will schon über den Flur zurück in ihr Zimmer gehen, als Frau Seiler ihr nachruft: „Kommen Sie, ich will Ihnen wenigstens meinen Mantel borgen und vielleicht auch einen Hut. Es ist ganz schön kalt draußen und ich weiß doch, dass Sie keinen vernünftigen Mantel haben für die Jahreszeit."

Sie verschwindet und kommt gleich darauf mit Mantel und Hut zurück. „Hier!", sagt sie, „aber schön drauf aufpassen."

„Danke", entgegnet sie überrascht und geht

zurück in ihre kleine Wohnung. Nun zögert sie nicht länger. Sie zieht sich den Mantel über, setzt den Hut auf und bindet auch noch den Schal um, den sie vor Jahren von ihrem Mann geschenkt bekommen hatte. Dann steckt sie das alte Portemonnaie ein, in dem nur noch wenige kleine Münzen sind. Entschlossen nimmt sie den Gehstock und verlässt die Wohnung.

Nach wenigen Minuten ist sie schon am Jahrmarkt angelangt. Händler preisen ihre Ware an, Musik dringt vom Karussell herüber und es riecht wunderbar nach gebrannten Mandeln. Mehr als eine Stunde verbringt sie hier, beobachtet Kinder am Karussell, sieht sich alles an, was feilgeboten wird. Ein paar neue Schnürsenkel wären nicht schlecht. Eine kleine Schere könnte sie auch gebrauchen. Aber sie bleibt hart. Sie braucht das wenige Kleingeld für das Nötigste in den nächsten Tagen.

*Kaufen muss sie ja nichts, nur ein wenig schauen und träumen.*

Gegen Abend sehen die Jahrmarktbesucher eine alte Dame im Park und wundern sich vielleicht ein wenig. Vergnügt geht sie dort spazieren, fein herausgeputzt mit Mantel und Hut – und vor sich einen großen Flaum von Zuckerwatte. Nun, der Verkäufer am Zuckerwattestand hat auch gestaunt, als die alte Dame plötzlich zwischen den Kindern auftauchte.

„Sie wollen Zuckerwatte?“, hat er unsicher nachgefragt.

„Ja, ich bin so frei“, hat sie ihm geantwortet und bei sich gedacht: Der liebe Gott hat mich so alt werden lassen und immer für mich gesorgt. Warum sollte er jetzt damit aufhören?

## „Dass Jana nicht runterfallt …“

Es ist ein kühler Morgen, aber die Sonne scheint, als ich mit Jana, meiner dreijährigen Nichte, spazieren gehe. Wir laufen auf einem Feldweg einen kleinen Hügel hinauf. Sie schaut sich um, blickt dann in den Himmel. Dort oben zieht ein großer Vogel seine Bahnen, ein Habicht vielleicht. Jana hat ihn auch gleich entdeckt.

„Da“, ruft sie, „da oben – ein Vogel!“

„Ja“, antworte ich, „da fliegt ein großer Vogel.“

„Ich will auch so fliegen“, höre ich sie neben mir sagen.

„Vielleicht wirst du bald mit einem Flugzeug fliegen!“

„Nein“, sagt sie, „so wie der Vogel will ich fliegen!“

„Ganz ohne Flugzeug, so wie der Vogel?“

Sie nickt heftig. „Ja. Und mit dir!“

Ich staune. „Mit mir zusammen willst du fliegen … wie ein Vogel dort oben am Himmel?“

„Ja“, sagt sie freudig und ergänzt: „… dass Jana nicht runterfallt.“

Ganz klar und selbstverständlich kommen diese Worte. Und gerade das macht mich froh. Ich weiß einmal mehr: Dieses kleine Mädchen vertraut mir grenzenlos. Sie findet es wunderbar, so wie der Vogel dort oben am Himmel zu fliegen. Das möchte sie gerne, und doch erscheint es ihr auch gefährlich. Man könnte herunterfallen. Aber wenn ich dabei bin, wenn ich mitfliege, dann wird alles gut gehen. Dann wird Jana nicht herunterfallen. Da ist sie sicher …

Nur zu genau weiß ich, wie sehr Menschen andere brauchen, denen sie ganz und gar vertrauen können. Besonders Kinder brauchen solche Menschen, denn sie lernen ja das Leben erst kennen. Was sie in ihren ersten Lebensjahren erfahren, wird sie für lange Zeiten prägen. Jana erlebt es immer wieder: Es gibt Menschen an ihrer Seite, die es gut mit ihr meinen, die verlässlich sind und auch tun, was sie sagen. Da sind Menschen, die strecken die Arme aus, wenn sie stolpert. Wenn sie mit denen fliegen würde, die würden schon aufpassen, dass sie nicht herunterfällt.

Wer solche Menschen an seiner Seite weiß, der kann auch etwas wagen. Und Jana wagt schon allerlei. Sie klettert auf die höchste Rutsche und wagt heftige Sprünge auf dem Trampolin. Weil sie Menschen um sich hat, denen sie vertraut, lernt sie auch, sich selbst und dem Leben zu vertrauen.

*Dass ich mich gesund fühle und gut versorgt bin, nichts davon habe ich fest in Händen.*

Natürlich weiß ich, dass dieses kleine Mädchen auch Enttäuschungen erleben wird. Früher oder später wird sie auf Menschen treffen, die ihr wehtun, weil sie nicht aufrichtig sind, die sie belügen um eigener Vorteile willen, die nicht die Arme ausstrecken, wenn sie stolpert, ja vielleicht sogar schadenfroh lachen, wenn sie fällt. Das werde ich nicht verhindern können. Auch solche Erfahrungen gehören zum Leben.

Ganz wichtig ist deshalb, dass mir früh genug Menschen begegnen, denen ich grenzenlos vertrauen kann … und dass ich auch später immer wieder auf Menschen treffe, die diese Erfahrung bestätigen und verstärken. Eine gute Freundin etwa, ein verlässlicher Nachbar, ein Angehöriger, der hinter mir steht – wer auch immer es ist.

Jeden Tag erlebe ich, wie wenig in diesem Leben eigentlich sicher ist. Dass ich mich gesund fühle, dass ich gut versorgt bin, nichts davon habe ich fest in Händen. Und doch ahne ich manchmal, dass das Leben es gut mit mir meint. Auch in diesem kleinen Augenblick habe ich es wieder gemerkt, als Jana mir mit leuchtenden Augen erklärt, warum ich mit ihr dort oben wie ein Vogel am Himmel fliegen soll: „… dass Jana nicht runterfallt".

## Märzgedanken

Der März ist ein Monat, den ich sehr liebe. Noch keine einzige Knospe ist offen. Nicht der kleinste Frühlingswind ist zu spüren – und doch wird all das bald kommen. Ich weiß es, weil ich diese Erfahrung jedes Jahr neu mache.

Seit wenigen Tagen höre ich morgens die Vögel singen, die monatelang verstummt waren. Manchmal riecht die Erde sogar schon richtig nach Frühling. Nur ganz kleine Anzeichen sind es, beinahe nichts, und doch weiß ich genau: Es wird sich bald ändern. In meinem Kopf steigen Bilder auf von dem, was sein wird: die ersten bunten Primelblüten im Blumenbeet, viele kleine grüne Spitzen unter welken Gräsern und Halmen. Mag der Winter auch noch so eisig gewesen sein und ist er mir diesmal auch besonders lang und dunkel erschienen – bald wird er dem Licht, der Wärme, den Farben und Düften des Frühlings Platz machen.

Genau wie beim Frühling ist es auch mit anderen Bildern, die ich in meinem Innern gespeichert habe. Dinge, die noch nicht sind, die aber wieder sein werden. Solche Bilder helfen mir, schwere Zeiten zu überstehen.

Da sind zum Beispiel die Schmerzen in meinem Rücken. An manchen Tagen überfällt mich die Angst, sie würden nicht mehr weggehen. Aber wie oft habe ich schon erleben dürfen, dass auch Schmerzen ihre Zeit haben. Ich erinnere mich an Momente, in denen ich genau gespürt habe: Jetzt wird der Schmerz weniger. Jetzt kann ich langsam aufatmen.

Es gibt noch andere Nöte, die mein Herz schwer machen. Manchmal frage ich mich: Haben die Menschen mich vergessen? Hat auch Gott mich vergessen? Aber dann erinnere ich mich an Bilder in meinem Innern, die mir erzählen, dass es so nicht bleiben wird. Ich weiß, wie es ist, wenn ich wieder Licht sehe und mir ein Herz fasse, um neue Schritte zu gehen. Ich erinnere mich daran, wie es sich anhört, wenn jemand wieder nach mir fragt.

Mit dieser Erfahrung stehe ich nicht allein. Auch die Menschen der Bibel erzählen davon, wie es ist, im Dunkeln zu sitzen und nicht zu wissen, ob je wieder Licht wird. Auch sie stecken in Angst und Bedrückung und fürchten sich, dass es immer so bleiben wird. Aber dann sagen sie auch, dass die lange Wartezeit einmal ein Ende haben wird. Der Prophet Jesaja verspricht: „Das Volk, das im Finstern wandelt, sieht ein großes Licht, und über denen, die da wohnen im finstern Lande, scheint es hell." Das Licht kommt wieder. Es wird wieder hell um mich und ich erlebe, ich bin nicht vergessen – selbst wenn ich zwischendurch verzweifeln und resignieren wollte.

*Es wird nicht dunkel bleiben. Jeder Frühling erinnert uns daran.*

Einzelne erleben es ebenso wie ein ganzes Volk: Bedrängung und Schmerz, ausweglos erscheinende Situationen, Zeiten ohne Hoffnung, endlich anzukommen in einem neuen Leben. Es kann lange dauern, aber es wird nicht so bleiben.

Und selbst dort, wo auf dieser Erde nichts Neues mehr zu erwarten ist, wird es doch nicht dunkel bleiben. Da wird das Licht einer anderen Wirklichkeit scheinen, von der wir nur wenig wissen und die uns doch fest verheißen ist.

Nein, es wird nicht dunkel bleiben. Das Licht kommt. Jeder Frühling erinnert uns daran.

## Mutterseelenallein

In unserer Sprache gibt es ein Wort, das mich besonders berührt. Früher hatte ich immer ein flaues Gefühl in der Magengegend, wenn ich es hörte, manchmal stiegen mir sogar Tränen in die Augen. Das Wort heißt „mutterseelenallein". Was ist das Besondere daran? Ein Sprachwissenschaftler hat mir erzählt, dass es in keiner anderen Sprache eine vergleichbare Formulierung gibt.

Ich erinnere mich an Zeiten, in denen ich mich genauso gefühlt habe, wie das Wort es zum Ausdruck bringt, eben „mutterseelenallein". Damals haben mir dann Menschen erzählt, da sei doch ein Gott, der uns immer begleitet, und deshalb sei niemand auf der Welt völlig allein.

Diese Antwort hat mir allerdings nicht helfen

können. Denn den Gott, den sie mir bis dahin vorgestellt hatten, den wollte ich nicht so gerne als steten Begleiter bei mir haben. Ein mächtiger Unsichtbarer, der in allem perfekt war, allwissend und überall zugegen ... also das genaue Gegenteil von mir selbst? Der machte mir eher Angst, weil ich ihm doch nie genügen konnte. Ich befürchtete, in seinen Augen immer irgendwie fehlerhaft und unvollkommen zu sein. Dann blieb ich lieber allein.

*Was will ein guter, gerechter Gott mit einem Versager?*

Irgendwann sah ich mich nach Menschen um, die das Gefühl kannten, mutterseelenallein zu sein. Schließlich merkte ich, dass auch in der Bibel oft von solchen Menschen erzählt wird. Einer davon ist zum Beispiel Jakob.

Wenn wir seine Geschichte lesen, erfahren wir, dass er zu Hause einmal sehr glücklich gewesen ist. Niemals hätte er gedacht, dass das gute Leben dort plötzlich zu Ende sein könnte. Aber dann, von einem Tag auf den anderen, gab es für ihn kein Zuhause mehr.

Das hat mich brennend interessiert. Deshalb habe ich Jakob gefragt: „Wo war denn euer Gott, als du Fehler gemacht hattest, als du herausgehen musstest aus deinem warmen Nest, weg von deiner Familie, weg von allem … auch von deiner Mutter, die du sehr geliebt hast?"

Jakob hat geantwortet: „Ich war mir sicher, Gott hätte sich von mir abgewandt. Was will ein gerechter, guter Gott mit einem Versager, der den eignen Vater getäuscht und den Bruder betrogen hat? So ähnlich dachte ich, als ich nachts auf freiem Feld lag, mit dem Kopf auf einem Stein und mit einem schweren Herzen. Bis dahin wusste ich nicht, wie allein man doch sein kann, mutterseelenallein! Nie zuvor hatte ich eine Nacht allein in der Wildnis verbracht, so weit weg von meiner Mutter. Würde ich sie jemals wiedersehen? Niemand war da. Es dauerte lange, bis ich endlich eingeschlafen war. Dann aber ging plötzlich der Himmel über mir auf und Gott war mir so nah wie niemals zuvor. Ich musste nicht Abbitte tun, nichts erklären, nur hören und sehen, mich auf ihn einlassen. Ich hörte ihn zu mir reden. Er hat versprochen, mich zu schützen, zu segnen und mit mir zu sein."

Über Jakobs Worte habe ich lange nachgedacht. Ein Gott, der von sich aus Nähe schenkt an einem Ort und zu einer Zeit, wo alles verloren erscheint; ein Gott, der einen aus dem Dunkel holt, ganz überraschend, der Mut macht, weiterzuleben, neue Schritte zu tun … Auf diesen Gott könnte auch ich mich einlassen ... Manchmal erzähle ich heute davon. Von diesem Gott, der einfach da sein kann – wenn man ihn am wenigsten erwartet, ganz gleich, was vorher war. Er kann seinen Himmel öffnen, auch für Menschen, die sich mutterseelenallein fühlen.

## Durchhalten ...

Im Seminar wird intensiv gearbeitet. Nur ich selbst merke, dass ich mich immer schlechter konzentrieren kann. Der Kopfschmerz, der sich schon heute früh angekündigt hat, wird immer stärker. Ständig muss ich niesen. Da ist wohl ein Infekt im Anmarsch. Wen wundert's? In den letzten Tagen habe ich mit einigen Menschen zu tun gehabt, die heftig erkältet waren.

Durchhalten, denke ich. Da ist so vieles, was geklärt und bearbeitet werden muss. Ich kann die Kursteilnehmer doch in dieser wichtigen Lernphase nicht alleine lassen. Also durchhalten!

Ja, ich halte durch bis zum Ende der Sitzung. Der Kopfschmerz ist beinah unerträglich geworden. Aber ich habe noch über eine Stunde Autofahrt vor mir. Durchhalten. Ich fahre direkt zum

Arzt, schaffe es gerade noch, bevor die Praxis für heute schließt.

„Sie hätten heute früh schon kommen müssen“, sagt er und runzelt die Stirn. „Sie hätten nicht durchhalten sollen.“

Dann erklärt er, dass dies eine Virusgrippe sei, die mit heftigem Kopfweh verbunden ist. Und nichts würde so gut helfen, wie einige Tage Bettruhe. Er werde mir zwar unterstützende Mittel verschreiben, aber am wichtigsten sei, dass ich tatsächlich einige Tage das Bett hüte. So könne der Körper selbst die Abwehr aufbauen, die er braucht, um den Virus zu überwinden.

Trotz des starken Schmerzes arbeitet mein Kopf auf Hochtouren. Ich denke an die Termine, die vor mir liegen, Beratungen und Arbeitsgruppen. Alles erscheint mir wichtig. Jetzt fällt mir auch noch der Kollege ein, der vor einigen Wochen trotz Grippe eine Kurswoche durchgehalten hat. Starke Medikamente hat er nehmen müssen, um das zu leisten. Ich weiß, dass ich ihn dafür bewundert habe. Mit meinem Arzt spreche ich über diese Gedanken.

Er schüttelt nur den Kopf, ist sich seiner Sache sicher. „Bettruhe – und weniger Durchhalten“, sagt er und sieht mich eindringlich an, während er mir Rezept und Krankmeldung vor die Nase hält.

Ich befolge seinen Rat. Zu Hause angekommen, koche ich nur noch einen Tee, stelle ihn aufs Tablett zu den Medikamenten und verziehe mich damit sogleich ins Bett. Stunde um Stunde geht vorbei. Das Fieber steigt an. Alle Glieder fühlen sich matt und zerschlagen an. Die Schläfen pochen auf dem Kissen.

*„Sie hätten nicht durchhalten sollen!"*

Im Halbschlaf quält mich noch der Gedanke, dass ich doch eigentlich durchhalten wollte. Aber dann tauchen Bilder aus Kindertagen auf, eine Zeit, in der Bettruhe noch etwas Selbstverständliches war. Mindestens zwei fieberfreie Tage mussten vergangen sein, bevor an Aufstehen zu denken war. Klagen war erlaubt und manchmal durfte ich mir sogar wünschen, was ich essen wollte. Ich habe gelesen, wenn das Fieber nicht mehr so hoch war, und Hörspiele im Radio gehört.

Das alles gehört immer mehr der Vergangenheit an. Betäubende und beschleunigende Arzneimittel ersetzen den stillen Kampf des Körpers. Der soll doch bitte im Alltag ungestört funktionieren. Durchhalten? Nein, nicht immer. Manchmal ist auch Rückzug angesagt, Bettruhe. Der Körper soll die Möglichkeit haben, mit seinem eigenen Tempo der Erkrankung zu begegnen.

Durchhalten ist wohl manchmal wichtig im Leben. Etwa wenn ich an Liebe festhalte, auch wenn ich sie an manchen Tagen nicht spüre. Oder wenn ich im Vertrauen auf Gott durchhalte, auch wenn er mir ganz fern erscheint.

Aber ich muss nicht immer durchhalten, nicht immer und um jeden Preis. Manchmal ist einfach Bettruhe angesagt – oder Rückzug in irgendeine stille Ecke. Alles loslassen und warten, bis Schmerz, Zweifel oder Angst von selbst nachlassen. Warten, bis neue Kräfte wieder aufsteigen, bis der Mut wächst, um neue Schritte zu gehen … Meinem Körper und meiner Seele will ich etwas zutrauen – und gleichzeitig Gott zutrauen, dass er mich durchträgt, wie er versprochen hat.

## Der kleine Hund

Jana erfindet Spiele. Schon als sie drei Jahre alt war, hat sie damit angefangen. Sie denkt sich Rollenspiele aus, die dann immer wieder gespielt werden müssen. Besonders beliebt ist „Der kleine Hund" – und das sieht so aus:

Jana verschwindet in einer Ecke des Wohnzimmers. Sie igelt sich ein, macht sich klein und wimmert ganz erbärmlich. Wie zufällig muss ich jetzt vorbeikommen und den kleinen Hund entdecken.

„Ja, was ist denn mit dir los? Wo gehörst du denn hin?“, muss ich fragen, ihn ordentlich bedauern und sagen: „Wo ist denn dein Herrchen und dein Frauchen? Haben die dich etwa hier vergessen und nicht mit nach Hause genommen?“

Jetzt nickt der kleine Hund kräftig mit dem Kopf und wimmert: „Ja, ganz alleingelassen und vergessen …“

„O weh, das ist schlimm“, muss ich antworten und gleich ein Seil holen, um den kleinen Hund anzubinden und mitzunehmen. Nun gehen wir ein Stückchen bis ins Arbeitszimmer. Ganz hinten in der Ecke steht ein Karton, in den der kleine Hund gerade so passt. Dort ist das Tierheim. Hier darf ich die Leine losmachen. Der kleine Hund springt in den Karton, kuschelt sich hinein und hat damit ein vorübergehendes Zuhause gefunden. Nun hat er Hunger und Durst. Ich muss ihm in einem kleinen Schälchen Wasser bringen und dazu einen Keks zum Knabbern. Jetzt geht es dem kleinen Hund schon besser. Aber das Spiel geht noch weiter.

Ich habe die Aufgabe, sein Herrchen und

Frauchen anzurufen und mit denen ordentlich zu schimpfen. „Hören Sie mal …“, muss ich sagen, „Sie haben Ihren Hund beim Spazierengehen vergessen! Das können Sie doch nicht machen! Sie müssen auf Ihr kleines Hündchen viel besser aufpassen! So geht das aber nicht!“

„… geht das aber nicht!“, bestätigt der kleine Hund aus seinem „Tierheim-Karton“ heraus.

Nun muss ich beschreiben, wie sie am schnellsten zum Tierheim kommen. – Jetzt gehe ich aus dem Arbeitszimmer, um gleich darauf wieder hereinzukommen, diesmal als erschrockene Hundebesitzerin.

„Ach, da ist er ja, unser kleiner Liebling. Es tut mir ja so leid, dass wir dich auf der Wiese vergessen haben. Geht es dir denn gut? Komm wieder nach Hause, Hundchen. Wir passen jetzt auch ganz gut auf dich auf, das verspreche ich dir.“ So muss ich sprechen, den kleinen Hund anleinen und mit nach Hause nehmen.

Über Janas Spiel habe ich schon oft nachgedacht. Was es für ein Kind bedeutet, ein Zuhause zu haben, fest verbunden zu sein mit anderen und ganz gewiss nicht irgendwo und irgendwie vergessen zu werden – ich glaube, das können wir nicht genug ermessen, obwohl wir es eigentlich doch wissen. Und das gilt nicht nur für Kinder.

Jeder neue Tag kann mir Erfahrungen bringen, die mich leicht oder auch tief erschüttern. Manches, was ich erlebe, wird mir wehtun. Vieles ist einfach unberechenbar. Wie gut, wenn ich dann ein Zuhause habe und Menschen, zu denen ich gehöre, bei denen ich nicht vergessen werde. So werde ich meinen Mut und mein Vertrauen in dieses Leben nicht verlieren, auch wenn vieles dagegenzusprechen scheint.

Wie gut, wenn ich Menschen habe, bei denen ich nicht vergessen werde.

Ich kenne diese Tage genau, an denen ich *nicht* weiß, wo denn mein Zuhause ist, wer sich mit mir verbunden fühlt. Dann hilft mir, wenn ich mich daran erinnere, dass es irgendwann Orte und Menschen gab, wo ich mich zu Hause fühlte. Ich weiß, dass mir jeden Tag neu jemand begegnen kann, der mir zeigt: Es ist gut, dass du da bist. Und vor allem weiß ich, wie viele Menschen mir schon bezeugt haben: Es gibt einen Gott, bei dem ich ein Zuhause habe, das mir niemand nehmen kann. Seine Verbindung mit mir reißt nicht ab, egal was geschieht. Bei ihm bin ich nie vergessen. An manchen Tagen schenkt er mir Zeichen dafür.

# Mitten in der Nacht

Plötzlich wache ich auf, mitten in der Nacht. Stockfinster ist alles um mich herum. Wo bin ich? Wo war ich zuletzt? Da waren doch Pferde ... Ach nein, das sind ja Bilder aus meinem Traum. Aber jetzt ... was ist jetzt? In rasender Schnelle schießen mir Fragen durch den Kopf.

Obwohl mir gerade kalt war, beginne ich nun heftig zu schwitzen. Himmel noch mal, ich sehe nichts. Wo ist das Fenster? Irgendwas muss doch da sein, das mir Orientierung gibt. Irgendwer muss doch da sein in meiner Nähe.

Ich höre nichts.

Aufgeregt räuspere ich mich. Doch, ja, das höre ich.

Ein heißes Gefühl steigt in mir hoch. Gleich beginne ich zu schreien.

Was ist? Was war zuletzt?

Träume ich immer noch, oder ist das die Wirklichkeit? Bin ich auf der Welt oder an einem ganz anderen Ort? Werde ich nun immer alleine sein, immer im Dunkeln? Wo ist oben, wo unten? Gibt es Zeit und Ort? Welchen Tag haben wir eigentlich, welche Uhrzeit?

Ich bekomme immer weniger Luft. Dieses Vakuum von Dunkel will mich ersticken. Wenn niemand mehr da ist, wer bin ich dann – und wofür? Wenn weder Zeit ist noch Raum, dann bin ich ja ins Nichts gefallen, dann bin ich nicht mehr!

*Aber ich will doch sein!*

Ein Zeichen, ja, ich brauche dringend ein Zeichen, das mich herausholt. Ein Lichtschein, eine Stimme, ein Wort nur … ein Zeichen eben, das mir zeigt: Es ist etwas – *und ich bin.*

Ich bin wieder jemand, habe einen Namen, ein Bett, ein Dach über mir.

Ah, da sind sie ja, die Leuchtziffern der Uhr. Sie leuchten nur schwach, aber jetzt sehe ich sie. Die harte Bettkante, da ist sie ja. Wie gut, wie gut. Und nun ein Schimmer von Licht unter der Tür! Ich bin gerettet!

Ich bin wieder jemand, habe einen Namen, ein Bett, ein Dach über mir. Ich habe einen Namen und kenne andere Namen, andere Menschen, die mir nahe sind. Ich habe wieder Raum und Zeit, Mauern, die mir Orientierung geben,Türen, durch die ich weitergehen kann.

Gott sei Dank!

*Ich bin.*

# Himmelszeichen

Ich mag sie sehr, die Federzeichnung im alten Märchenbuch. Ich mag die Geschichte von „Sterntaler". Es hat mit der Haltung des Mädchens zu tun, mit dem Blick zum Himmel, von dem ihm Sterne fallen werden.

Vielleicht steckt der kindliche Wunsch dahinter, dass auch für mich einmal so ein Zeichen vom Himmel käme. Es ist gar nicht so leicht, für eine Weile auf einer Erde zu leben – mit kleinen Füßen zuerst, dann mit großen – und schließlich mit müden, wackligen Beinen über diese Erde zu gehen und nicht zu wissen, ob es das war, ob es das ist: kommen, gehen und vergessen werden.

Ich möchte nicht vergessen sein. Niemand will das. Wie gut wäre da ein Himmelszeichen! Es müssen ja nicht goldene Taler sein. Viel lieber wäre mir, in großen Buchstaben würde es dort oben am Himmel stehen, von Gott selbst geschrieben: Ich bin bei dir! Was auch geschieht, du bist und bleibst in meiner Hand! Ein herzlicher Gruß aus der Ewigkeit an die Geschöpfe in der Zeit … Aber ich weiß, das Zeichen wird wohl nicht kommen. Nicht ein einziger Stern wird mir in den Schoß fallen. Ach, ein einziges klares Zeichen aus den ewigen Räumen Gottes herab in meine Zeit: Wie kostbar und tröstlich fände ich das, wie würde ich jubeln!

Ich schaue auf das alte Sterntalerbild im Märchenbuch. Das Kind hatte ein Zeichen bekommen. Für dieses Kind waren Sterne vom Himmel gefallen. Die hatten es ihm ermöglicht, ein neues Leben anzufangen, nachdem das alte zu Ende war.

Erinnern Sie sich an die Geschichte? Da wird erzählt, wie in das kleine Kinderleben immer mehr Not eingebrochen war. Die Eltern waren gestorben. Das Mädchen war völlig verarmt, hatte kein Dach über dem Kopf, kein Bett zum Schlafen und nichts zu essen. Zuletzt hatte es nicht einmal mehr Kleider auf dem Leib. Die Hände leer – und alles schien verloren.

Aber eben dann geschah es! Als die Verlorenheit am größten schien, kam ein Zeichen vom Himmel, fielen Sterne herab und eröffneten einen neuen Weg, ein neues Leben.

Das alles erinnert an die gute Nachricht des Jesus von Nazareth. Er hat bezeugt: Gott ist für uns Menschen da. Er schenkt Zeichen seiner Nähe – nicht unbedingt dann, wenn wir meinen, dass die Zeit passend dafür wäre, sondern wenn es ihm gefällt. Er verlässt Menschen nicht, die sich ihm ganz anvertrauen.

Zwei Episoden in der Bibel machen das deutlich. Als Abraham keinen Mut mehr hatte, gar keine Zukunft mehr für sich sah, da schickte Gott ihn hinaus unter den Sternenhimmel. „So groß wird deine Zukunft noch sein, so reich will ich dir Nachkommen schenken, so sehr werde ich dich segnen“, ließ Gott ihm dadurch sagen. Einige Jahrhunderte später, als es Gott gefiel, ließ er einen Stern am Himmel erscheinen, der suchenden, wartenden Menschen den Weg zur Krippe zeigte. Es war der Weg zum Kind, das sie *Retter* nennen dürfen. Und dies war das größte Zeichen Gottes in der Welt.

*Sterne vom Himmel, das können Menschen sein, die Halt geben oder neue Perspektiven eröffnen.*

Gott bewegt den Himmel für uns – zu seiner Zeit. Manchmal lässt er sogar Sterne vom Himmel fallen, wenn wir Angst haben, wir wären verloren. Sterne vom Himmel, das können Menschen sein, die Halt geben oder neue Perspektiven eröffnen. Sterne vom Himmel, das können Augenblicke sein, die zeigen: Liebe ist um mich wie eine lebendige Kraft.

Daran erinnert mich die alte Federzeichnung, das Bild vom Sterntaler. Es sagt mir: Was auch immer geschehen wird, verlass dich auf Gott, der Zeichen schenkt zu seiner Zeit. Wenn ich sie brauche, werden sie da sein – nicht schon früher, aber genau rechtzeitig. Ich hoffe, dass ich sie dann sehe, höre und spüre. Und dass ich sie froh annehme, so wie das Mädchen im Märchen.

# Abschied nehmen – weitergehen

# Am Gartenzaun

Etwas verloren steht die alte Frau am Gartenzaun. Ich kenne sie, deshalb bleibe ich stehen und rede ein wenig mit ihr.

„Jetzt sind sie einfach weggezogen … einfach fort“, sagt sie und schüttelt leicht mit dem Kopf. Ich frage nach und sie erzählt mir von ihren Nachbarn im Neubaugebiet. Wenige Monate, nachdem sie mit der Familie ihres Sohnes am Dorfrand ins neue Haus eingezogen sei, da seien auch die Nachbarn drüben eingezogen. Alle hätten gedacht, das ältere Ehepaar wolle hier seinen Lebensabend verbringen. Aber nun habe gestern der Möbelwagen vor der Tür gestanden und heute seien sie weg … einfach so, ohne sich zu verabschieden.

Ich komme selten in diese Ecke des Ortes, und doch erinnere ich mich jetzt, dass mir irgendwer einmal erzählt hat, es seien wohl recht schwierige Zeitgenossen, die in dieses Haus gezogen seien. Deshalb sage ich vorsichtig: „Manchmal soll es ja nicht so ganz einfach mit ihnen gewesen sein.“

„O ja“, entgegnet sie lebhaft. „Das war manchmal ein Zirkus mit denen, so etwas kann man sich gar nicht vorstellen. Wir würden die

Mülltonnen nicht richtig hinstellen, hat er immer gesagt. Und er hat auch mächtig geschimpft, als ein paar Äste von unseren Büschen über den Zaun gewachsen waren. Das Heftigste war, als er eines Abends im Dunkeln auf unser Grundstück kam und die Äpfel aufsammelte, die von seinem Baum heruntergefallen waren. Wir sollten nicht seine Äpfel essen, hat er gesagt. Da fällt einem nichts mehr ein", sagt sie und seufzt.

„Und doch tut es Ihnen jetzt leid, dass sie weg sind?", frage ich nach.

„Na ja, irgendwie schon …", entgegnet sie nachdenklich. „Seine Frau hat manches wieder ausgeglichen. Die hatte öfter mal ein freundliches Wort. An manchen Sommerabenden haben wir drüben auf der Bank gesessen. Sie durfte aber nie lange bleiben, sonst rief er ungeduldig am Zaun. Als wir uns einmal zufällig beim Arzt trafen, hat sie auf mich gewartet und nach Hause mitgenommen. Es gab aber Tage, da war auch er ganz friedlich. Besonders wenn man auf sein Lieblingsthema zu sprechen kam: Fossilien. Was er da alles angesammelt hatte! Früher war er wohl oft bei Ausgrabungen gewesen. Im Keller hat er mir einmal seine große Sammlung gezeigt. Ich verstehe ja nicht so viel davon, aber es war schon beeindruckend. Wenn ich nur daran denke, dass sie das jetzt alles wieder einpacken mussten …“

„Ja“, werfe ich ein, „ab und zu merkt man erst, wenn etwas zu Ende ist, was es einem bedeutet hat. Manchmal hat es mehr bedeutet, als man geahnt hat.“

„So ist es wohl“, sagt sie leise. „Es tut wirklich ein bisschen weh. Das hätte ich nicht gedacht.“

„Wünschen wir ihnen, dass es ihnen gut geht, wo sie jetzt leben.“

„Ja, das wollen wir ihnen wünschen“, sagt sie und lächelt.

Wir verabschieden uns. Auf dem Heimweg denke ich noch ein wenig weiter. Natürlich gibt es Zeitgenossen, die so uneins mit sich selbst sind, dass sie auch anderen das Leben schwer machen. Aber manchmal wohnen auch Menschen in unserer Nähe, die zwar nicht einfach sind, aber mit der Zeit werden sie doch wichtig für uns, ohne dass wir es gleich merken.

*Wenn es mal schwierig wird, helfen Humor und Gelassenheit.*

Ich denke an meine eigenen Nachbarn. Wir sind in vielem nicht gleicher Ansicht, aber bei aller Unterschiedlichkeit haben wir eine gute Art gefunden, miteinander umzugehen. Wenn es mal schwierig wird, helfen Humor und Gelassenheit.

Wir erzählen uns gelegentlich von unserem Alltag und unterstützen uns in vielen kleinen Dingen. Jedes Jahr bringe ich ihnen einen Korb voll Äpfel von meinem Baum. Würden sie heute wegziehen, würde mir das mehr als wehtun.

Manchmal bedeuten mir Menschen, die mir im Alltag begegnen, mehr, als ich geahnt habe. Wie gut, wenn mir das bewusst ist, solange sie da sind. Ich fühle mich gleich viel reicher in dieser Welt.

## In der Kirchenruine

Manchmal gehe ich zur alten Kirchenruine hinauf. Unter hohen Bäumen steht sie da auf einer Anhöhe und erinnert an ganz alte Zeiten. Die Mauern des Altarraumes sind noch gut erhalten. Vom Schiff sind nur die seitlichen Grundmauern zu sehen und die hohe Giebelfront.

Es ist nun schon eine Weile her, seit ich das letzte Mal dort war. Durch den alten Torbogen bin ich in die Ruine hineingegangen – mit einem unsagbar schweren Herzen. Nur wenige Tage zuvor ist meine beste Freundin gestorben.

Beinahe dreißig Jahre hat unsere Freundschaft bestanden. Es gab keinen Menschen auf der

Welt, dem ich mehr vertraut hätte, dem ich mehr geglaubt hätte, dass er es gut mit mir meint. Und nun stehe ich in dieser alten Kirchenruine, lehne mich an die raue Bruchsteinmauer und weine.

Natürlich bin ich mit ihr gegangen durch die letzten Phasen ihres Lebens, durch Stunden und Tage, die unbeschreiblich waren ... furchtbar und wunderbar zugleich. Ich bin bei ihr gewesen, als sie für immer gegangen ist. Ich höre noch ihre letzten Worte, die letzten Atemzüge.

Und nun stehe ich in diesen alten Kirchenmauern, und das Weinen will gar kein Ende nehmen. Ich kann es nicht fassen, dass sie nicht mehr da sein soll. Der Schmerz ist kaum auszuhalten. Ich achte nicht mehr auf das, was um mich herum ist, spüre nur die Mauer in meinem Rücken und die Tränen, die unaufhörlich rinnen.

Das ältere Ehepaar, das langsam auf die Ruine zugekommen ist, habe ich gar nicht bemerkt. Erst als sie kurz vor dem Torbogen sind, höre ich ihre Schritte und halblauten Stimmen. Ich blicke auf, unsicher und verstört. Durch die Tränen hindurch sehe ich verschwommen ihre Gesichter. Nein, so möchte ich nicht von fremden Menschen gesehen werden.

Jetzt höre ich die Stimme der Frau: „Dürfen wir hereinkommen?“

Eine merkwürdige Situation. Offene Mauern einer alten Kirchenruine, die ohne Dach in den Himmel ragen, ein offener Torbogen und keine Tür zum Anklopfen. Und dennoch haben die beiden bemerkt, dass hier ein ganz privater Raum entstanden war, ein Raum für mich, für Schmerz, Trauer und Tränen eines Menschen, den sie nicht kennen. Sie achten diesen Raum. Obwohl keine Tür vorhanden ist, klopfen sie an durch ihre Worte: „Dürfen wir reinkommen?"

*Obwohl keine Tür vorhanden ist, klopfen sie an durch ihre Worte.*

Ich zögere. Es ist mir ein wenig peinlich. Dann sage ich: „Ja, ja, Sie dürfen hereinkommen."

Warum auch nicht, denke ich. Es ist, wie es ist.

Langsam kommen sie näher. Ich nicke ihnen zu.

„Wir wussten nicht genau …", beginnt jetzt der Mann.

„Ach, es ist schon gut so", entgegne ich. Dann gehe ich an ihnen vorbei und verlasse die Ruine.

„Wiedersehen", höre ich die Frau hinter mir sagen.

„Wiedersehen", antworte ich und hebe leicht die Hand. Eine merkwürdige Konversation, denke ich, während ich den Hang hinuntergehe. Es ist mir nicht mehr unangenehm, ihnen begegnet zu sein, obwohl mir so elend ist und mein Gesicht verweint aussieht.

In einer Kirche ist Raum für mich, wie ich bin. Raum für meinen unendlich großen Schmerz genauso wie Raum für das, was andere mitbringen. In einer Kirche, selbst wenn sie nur noch eine Ruine ist, ist Raum für den, der gerade große Freude erlebt, ebenso wie für den, der ratlos ist und sucht oder der nicht weiterweiß und weint. Alle finden Platz, begegnen sich achtsam, wissen sie doch, dass der Himmel über ihnen offen ist. So offen wie in der alten Ruine.

## Abschied für eine Katze

Sie ist schon etwas spät dran an diesem Morgen. Erst als sie fast vorbeigefahren ist, wird ihr bewusst, dass das graue Etwas am Straßenrand eine Katze gewesen sein muss, vermutlich eine tote Katze. Noch auf die Bremse gehen? Nein, sie muss zur Schule, der Unterricht beginnt um acht. Und der Katze kann nun doch niemand mehr helfen.

Im Laufe des Vormittags vergisst sie das traurige Bild am Straßenrand. Aber dann, als sie mittags auf dem Rückweg ist, taucht es vor ihrem inneren Auge wieder auf: dieses graue Etwas, das ausgesehen hat wie ein weggeworfener alter Lappen. Wenige Stunden zuvor noch war es ein lebendiges Wesen.

Sie wartet, bis die Stelle kommt. Ist sie etwa schon daran vorbeigefahren? In der Frühe war es ja noch dunkel ... Haben andere den toten Katzenkörper weggeräumt? Doch nein, da vorne liegt das graue Bündel. Sie fährt langsamer. Soll sie stehen bleiben? Und dann? Was würde sie noch tun können? Außerdem: Es gibt noch eine wichtige Verabredung. Sie hat kaum Zeit. Und sie fährt vorbei.

Am Abend telefonieren wir zusammen. Irgendwann in diesem Gespräch fällt ihr plötzlich die Katze wieder ein. Sie erzählt mir davon.

„Was willst du tun?“, frage ich. „Was ist es, das dir keine Ruhe lässt?“

Jetzt sprudelt es aus ihr heraus: Die Katze sei doch ein Lebewesen, eine schöne Kreatur ... Und vielleicht sei es ebenjene Katze gewesen, die gelegentlich durch ihren Garten gelaufen sei. Man könne doch so ein Wesen nicht einfach dem Schmutz und Staub der Straße überlassen. Jedes Lebewesen auf dieser Welt brauche doch einen würdigen letzten Ort und wenigstens *ein* anderes

Lebewesen, das ihm einen Abschied gestaltet. Ja, wenigstens *sollte* es so sein auf der Welt …

Und so wurde es schließlich auch.

Am folgenden Abend erzählt sie mir: „Morgens und auch am Mittag habe ich sie wieder liegen sehen. Am späten Nachmittag, als ich mich etwas von der Arbeit erholt hatte, bin ich extra losgefahren. Ich habe ein uraltes Nachthemd mitgenommen. Da hinein habe ich die Katze gewickelt, habe sie ein Stückchen hinüber in die Wiese getragen, in eine kleine Erdmulde gebettet und Laub und Gras darübergelegt. Ich habe ein bisschen geweint und ein bisschen gesungen und ihr Segen gewünscht auf ihrer Reise in die andere Welt …“

Es ist das Empfinden, dass jede Kreatur ihre Würde und Einzigartigkeit hat.

Einen Moment ist es ganz still im Telefon. Es berührt mich, was meine Bekannte da erzählt hat. Ich kann gut nachvollziehen, was sie getan hat – und warum.

Es ist das Empfinden, dass jede Kreatur ihre Würde und Einzigartigkeit hat. Und darum: Innehalten, sich Zeit nehmen, ein Lebewesen von dieser Erde zu verabschieden und ihm damit die Würde zurückgeben, die es eigentlich von Anbeginn hatte. Auch wenn das dort am Straßenrand so ganz anders ausgesehen hat …

Wenn ich so handeln kann, erschließt sich für mich deutlich, wer ich selber bin – und was mich mit dem Göttlichen verbindet. Als meine Bekannte dort am Wiesenrand für die totgefahrene Katze geweint und gesungen hat, da – so stelle ich mir das vor – hat Gott sozusagen ein wenig seinen Himmel aufgetan. Einen Spalt nur, sodass ein Lichtstrahl der anderen Welt mitten hineinfallen konnte in diesen kleinen irdischen Augenblick. Und dabei war etwas zu ahnen von dem ewigen Zuhause für alle Kreatur.

## Morgendämmerung

Ganz früh in der Morgendämmerung irrt eine junge Frau mit einem Koffer voll warmer Kleidung durch eine ländliche Region in Süddeutschland. Es ist der 9. April, wenige Tage nach Ostern – vor mehr als sechzig Jahren.

Die junge Frau heißt Maria. Sie sucht Dietrich Bonhoeffer, ihren Verlobten. Die warme Kleidung ist für ihn. Schon mehr als zwei Jahre sitzt er in Haft, obwohl er nie etwas verbrochen hat.

Und nun haben sie erzählt, er sei in einem völlig überfüllten Zug in diese Region in Süddeutschland gebracht worden. Aber niemand weiß Genaues.

Dietrich Bonhoeffer ist ins Gefängnis gekommen, weil er ein Christ ist – ein gelehrter und widerständiger Christ. Schon in jungen Jahren ist er promovierter Theologe, in Berlin hat er einen Lehrauftrag. Er setzt sich intensiv mit der Bibel auseinander, besonders mit der Botschaft des Jesus von Nazareth. Zugleich gilt sein Interesse den Menschen. Eins ist für ihn klar: Ein Christ zu sein, an Gott zu glauben, das bedeutet: in dieser Welt Stellung zu nehmen zu Unrecht und Gewalt, zu politischen und sozialen Fragen, wie immer sie auch lauten mögen. Das hat Bonhoeffer in der Zeit der Nazidiktatur gelebt. Christus nachfolgen, das heißt für ihn: dem grausamen Unrecht widerstehen an dem Platz, an den das Leben ihn gestellt hat. Deshalb nutzt er auch einen USA-Aufenthalt nicht dazu, sich in Sicherheit zu bringen. Längst sind ihm in Deutschland Lehrbefähigung und Schreiberlaubnis entzogen. Und doch wird er erst ruhig, als er zurückkehrt und sich der politischen Widerstandsbewegung anschließt.

Dietrich Bonhoeffer vertraut auch in schwierigsten Situationen darauf, dass Gott mit uns ist, was immer geschieht, dass wir von ihm nie im Stich gelassen werden. Aber er ist auch überzeugt, dass Gott uns das Handeln in dieser Welt nicht abnimmt. Deshalb handelt Dietrich – zusammen mit treuen Weggefährten. Sein eigenes Lebensgefühl in dieser Zeit ist schwer zu beschreiben. Gefahr und Tod sind jeden Tag ebenso nah wie Lebensfreude und menschliche Gemeinschaft.

*Gott weitet unseren Blick und lässt uns den Klang einer anderen Wirklichkeit hören.*

Im April 1943 wird er verhaftet. Man verdächtigt ihn, an einer Verschwörung gegen Führer und Reich beteiligt gewesen zu sein. Zwei Jahre lebt Bonhoeffer in Gefangenschaft, die meiste Zeit davon in Berlin-Tegel. Monatelange Untersuchungshaft unter oft qualvollen Bedingungen soll ihn zermürben. In seinen Texten spiegelt sich die Zerreißprobe, dass er sich zugleich auf das Leben und den Tod einstellen muss.

In ganz frühen Morgenstunden betet er: „Gott, zu Dir rufe ich in der Frühe des Tages. Hilf mir beten und meinen Glauben sammeln zu Dir; ich kann es nicht allein."[1]

Die Familie und der stabile Freundeskreis helfen, diese Zeit durchzustehen, sich innerlich auseinanderzusetzen. Er schreibt: „Und so muss man sich durch die kleinen Gedanken, die einen ärgern, immer wieder hindurchfinden zu den großen Gedanken, die einen stärken.“[2]

Der größte Gedanke ist und bleibt für ihn der, dass Gott für Menschen da ist, wie auch immer dieses Leben für den Einzelnen verläuft und was auch immer erforderlich ist, um seinen Weg zu gehen. Gott weitet unseren Blick und lässt uns den Klang einer anderen Wirklichkeit hören. Dieser Klang hilft uns, ganz und gar menschlich zu bleiben in unserer Welt, gleichzeitig aber auch bereit zu sein, sterben zu können, weil man wirklich zu leben gelernt hat.

In der Morgendämmerung irrt eine junge Frau durch eine ländliche Region in Süddeutschland. Sie hat warme Kleidung für ihren Verlobten im Koffer. Vielleicht ist es ebenjene Stunde, in der Dietrich Bonhoeffer hingerichtet wird – in den letzten Kriegstagen, vor mehr als sechzig Jahren.

## Geh aus, mein Herz

„*Geh aus, mein Herz, und suche Freud* …“, haben wir gesungen, dieses wunderbare alte Lied von Paul Gerhardt. Meine Freundin hat dieses Lied sehr geliebt und es passte so gut zu ihr. Deshalb haben wir es auch bei ihrer Trauerfeier gesungen.

„*Und siehe, wie sie mir und dir*
*sich ausgeschmücket haben* …“

Ja, *sehen* konnte sie einfach wunderbar. Sie hat gesehen, wie unsagbar vielfältig und wunderbar die Natur ist, Tiere und Pflanzen, das Licht und die Farben im Laufe eines Tages und im Rhythmus der Jahreszeiten. Sie hat einen Blick gehabt für kleine Zufälligkeiten, auf die kaum jemand achtet. Ein paar bunte Blätter, die an einem feuchten Kellerfenster kleben, der bizarre Schatten eines Zweiges, glitzernde Tautropfen in einer Spinnwebe. Sie hat es gesehen, hat gemalt, gezeichnet, fotografiert. Ja, sie hat sich daran gefreut, wenn die Gärten sich im Frühjahr mit frischem Grün und ersten Farben schmücken. Sie hat gehört, wie die Amseln wieder flattern und singen, sie hat diesen einmaligen Duft von Erde im Frühjahr wahrgenommen. Nein, es hielt sie nicht zu Hause, wenn diese Tage gekommen waren. Es hat sie förmlich hinausgetrieben in den Garten und über Wiesen und Felder.

*„Des großen Gottes großes Tun*
*erweckt mir alle Sinne."*

Genau so ist es gewesen. So sehe ich sie vor mir in den ersten Frühlingstagen.

Die offene Scheunentür, die in den kleinen Garten führt … Da stand sie dann zufrieden lächelnd mit dem alten blauen Anorak, die Grabgabel in der Hand. Sie konnte nicht ruhen, wenn es draußen losging mit dem Keimen und Wachsen, mit dem Riechen und Blühen. Spaziergänge, Wanderungen mit Freunden, das hat sie geliebt. Und den Reichtum, den sie sah, hat sie mit allen geteilt. Es war eine Freude, mit ihr durch Wälder zu streifen, die Natur zu entdecken in dieser Vielfalt, die nie zu enden scheint.

Die Natur zu erleben, sich selbst als ein Teil der Schöpfung zu erleben, das hilft, von sich selbst abzusehen. Wenn die Schöpfung so viel Farben und Licht hat, so viel „Stirb und Werde", so viel „Dennoch", Kraft und Saft zu immer Neuem, dann muss es doch auch Kräfte geben, die über alles hinausgehen, was mir als Ende erscheint. Dann kann doch das, was mir geschieht, und sei es noch so schlimm, nicht das Letzte sein.

Es gibt Zeiten, da weiß ich nicht mehr weiter, vielleicht weil körperlicher oder seelischer Schmerz einfach nicht enden will. Ich bin traurig und resigniere, weil sich so lange anscheinend nichts ändert. Dann fühle ich mich wie ein trockener Halm im November, der vom Frühjahr nichts weiß. Und doch bin ich ein Teil der Schöpfung. Ich stehe mittendrin. Also kann ich trotz allem einen Blick werfen auf das Leben um mich herum. Ich will Augen und Ohren offen haben, um zu sehen und zu hören.

*Ich will Augen und Ohren offen haben, um zu sehen und zu hören.*

Meine Freundin hielt ihre Augen und Ohren offen bis zuletzt. Wenige Wochen bevor sie gehen musste, haben wir einen ganz kleinen Spaziergang gemacht, denn sie hatte nur noch so wenig Kraft. In meine schweren Gedanken hinein rief sie plötzlich: „Schau doch, ein Grünspecht!" Ich hob den Kopf und staunte, dass sie in ihrer elenden Lage noch so weit über sich hinaus sehen konnte.

*„Und siehe, wie sie mir und dir*
*sich ausgeschmücket haben …"*

Ja, es gibt ein „Darüber hinaus" – ganz oft und immer wieder hier auf der Erde. Es gibt Licht nach dunklen Zeiten, Aufatmen nach Schmerzen und Nöten. Selbst dann, wenn die Wege auf dieser Erde nicht mehr weitergehen. Darauf will ich setzen und ganz bewusst singen: *„Geh aus, mein Herz, und suche Freud …"*

# Auf neuen Wegen

# Schritte über einen schmalen Flur

Manchmal liegen zwei Welten ganz nah beieinander. Als ich noch ein Kind war, gab es in unserem Haus einen schmalen Flur, der für mich zwei Bereiche trennte, wie sie unterschiedlicher gar nicht sein konnten: Auf der einen Seite war das helle Neonlicht in der großen Wohnküche meiner Eltern. Hier wurde gekocht und gegessen, sich auch mitunter lautstark ausgetauscht über das, was alles geschehen war an diesem Tag.

Auf der anderen Seite des Flurs lebten Tante Emma und Onkel Rudolf. Wenn ich sie am Abend besuchte, kam ich vom hellen, lauten Treiben in eine ruhige Dämmerstunde. Sie hatten kein Licht gemacht, sondern genossen es, wie die Abenddämmerung immer mehr heraufkam. Dabei schwiegen sie oder sprachen nur in halblautem Ton.

Ich war immer willkommen bei ihnen. Am liebsten saß ich zwischen den beiden auf dem alten Sofa. Dort konnte ich teilnehmen an dem, was sie gerade beschäftigte. Ob das Holz noch reiche für den Winter, überlegte mein Onkel, und meine Tante erinnerte daran, dass ein Verwandter Geburtstag habe. Sie fragten mich, wie es mir gehe. Ich konnte erzählen, was mich beschäftigte.

Manchmal fragten sie auch, was es drüben bei uns Neues gäbe.

Am schönsten fand ich es, wenn mein Onkel begann, mir Lieder beizubringen. So habe ich dort auf dem Sofa, mitten zwischen den beiden älteren Menschen nach und nach viele Lieder gelernt. Vers für Vers, ohne Notenblatt, nur durchs Mitsingen in der Dämmerstunde. Weihnachtslieder, Volkslieder, Kirchenlieder, alles, was die beiden kannten – und wie es gerade kam.

In meinem Kopf entstanden beim Singen ganz viele Bilder. Der Tannenbaum mit seinen immergrünen Blättern prägte sich tief ein, dann wieder sah ich in meinem Inneren die unzählig vielen Sternlein stehen – ohne auch nur einen Blick aus dem Fenster zu werfen. Ich war traurig mit Mariechen, die weinend im Garten saß, weil man ihr so grausam mitgespielt hatte, und freute mich am lustigen Zigeunerleben, ja ich wäre am liebsten mit ihnen gezogen und hätte das freie Leben genossen.

Wenn ich Fragen hatte, erklärten mir die beiden, wie dieses und jenes gemeint sei. So verstand ich, warum es schlimm ist, wenn ein junger Mann sein Mariechen alleine lässt, die doch gerade ein Kind bekommen hat … Ich lernte auch, warum

Zigeuner dem Kaiser keinen „Zins“ bezahlen mussten. Und ich kam in Kontakt mit der unsichtbaren Gottheit, die es gut meint mit aller Kreatur, die jeden Morgen wieder die Sonne aufgehen lässt und bei der nichts verloren ist, nicht das kleinste Kind auf der Welt, kein Käfer und kein Würmchen …

Damals habe ich viel gelernt – von dieser Welt und jener anderen, die über unsere weit hinausgeht. Ob wir nun traurige oder fröhliche Lieder sangen, ob mehr die Erde oder der Himmel unser Thema war, immer ging ich nach solchen Abenden getröstet und zuversichtlich über den schmalen Flur zurück in die andere Welt.

*Ich war traurig mit Mariechen, die weinend im Garten saß.*

Heute denke ich, dass die Bilder- und Informationsflut durch Medien niemals Ersatz sein kann für diese Erfahrungen, die ich als Kind gemacht habe. Es braucht einfach Zeit, die Menschen miteinander teilen. Menschen, die wirklich „da im Augenblick“ sind – mit allem, was sie gelernt und erkannt haben, spüren und denken. Sie vermitteln Geborgenheit bei allem, was geschieht.

Solche Zeiten und Erfahrungen werden mir immer wichtiger. Darum suche und gestalte ich sie bewusst. Ich werde dadurch für mein Leben gestärkt – und erahne zugleich mehr vom Himmel, jener anderen Welt der Liebe und des Lichts. Das tröstet und ermutigt mich. Zuweilen merke ich sogar, dass diese himmlische Welt näher an unserer ist, als wir ahnen – vielleicht so nah, wie damals die Schritte über einen schmalen Flur.

## Durst

Etwa sechzehn oder siebzehn Jahre alt mag er sein, der freundliche Junge, der in unserem Bezirk die Zeitungen austrägt. Ein wirklich netter Kerl, sehr zuverlässig und immer freundlich. Kürzlich kommt er mit dem Fahrrad an mir vorbeigefahren, bremst plötzlich ab und bleibt stehen.

Ob ich eine Landkarte von Spanien habe, will er wissen. Er würde sie gerne ausleihen. Ja, eine solche Karte habe ich. Wir vereinbaren, wann er sie abholen kann. Voller Vorfreude erzählt er, dass er endlich einmal ohne die Eltern in Urlaub fahren wird. Mit ein paar Freunden soll es nach Spanien gehen. Er freut sich auf Strand und Meer, Discoabende und viel Spaß. Dann schwingt er sich wieder auf sein Rad, winkt mir zu und ruft: „… und mich einfach mal vollaufen lassen!“

*Und mich einfach mal volllaufen lassen* ... Die Worte klingen in mir nach. Ich bin enttäuscht. So ein netter, aufgeräumter Junge. Alles gönne ich ihm von Herzen. Sonne, Meer und Strand, auch die Discoabende und was weiß ich noch alles. Aber sich „volllaufen" lassen, das klingt nicht gut. Und doch tun das viele. Sie sitzen im Urlaub in wunderbarer südlicher Landschaft und trinken billigen Wein bis zum Abwinken, oft bis zur Besinnungslosigkeit. Tagein, tagaus. Das nennen sie Spaß haben.

Wer sich immer wieder volllaufen lässt, der kann, so glaube ich, die Leere nicht ertragen. Ein blinder und herzloser Kreislauf, denn die Leere geht deshalb nicht wirklich weg. Sie wird nur überspielt für kurze Zeit. Wie kann diese Leere wirklich gefüllt werden? Was kann meinen Durst wirklich stillen?

Ich brauche einen klaren Blick dafür, was mich nur scheinbar erfüllt, denn ich möchte ja nicht eines Tages leer und betrogen aus der Welt gehen. Es gibt aber auch andere Quellen, an denen ich trinken kann, und mein Durst wird wirklich gelöscht. Für mich bedeutet das zum Beispiel:

Im Frühjahr unterm Apfelbaum liegen, durch die unzähligen duftenden Blüten hindurch in den Himmel schauen. Das erfüllt mich ganz und gar.

An einem Sommermorgen ganz früh den See durchschwimmen und auf dem Nachhauseweg singen. Das füllt mich ganz mit Freude.

*An einem Sommermorgen ganz früh den See durchschwimmen und auf dem Nachhauseweg singen.*

Meine kleine Nichte brauche ich nur anzuschauen, und augenblicklich ist alle Leere verschwunden. Dieses kleine Mädchen ist erst sieben Monate alt und ein so frohes, strahlendes Kind. Sie lacht mich an, zappelt aufgeregt mit Ärmchen und Beinchen und will, dass ich sie auf den Arm nehme. Sie legt ihr Köpfchen an meine Wange – und mein Glück ist vollkommen!

Wenn ich mit Freundinnen und Freunden an einem schönen Sommerabend zusammensitze und wir einen guten Wein trinken, kann das viel Freude machen.

Ich fühle mich erfüllt, wenn ich mich für die unzähligen Wunder der Schöpfung öffne, für Begegnungen, Worte und Taten der Liebe. So durchströmen mich gute Kräfte.

Dem Zeitungsjungen aber wünsche ich, dass er erfüllt aus dem Urlaub kommt – erfüllt mit viel Freude, interessanten Erfahrungen und wirklich glücklichen Augenblicken.

## Wie ein Brummkreisel

Tage gibt es, an denen fühle ich mich wie ein Brummkreisel. Allerlei Gedanken drehen sich in meinem Kopf, von allen Seiten überdenke ich ein Problem, suche nach Lösungen, verwerfe sie wieder, überlege neu. Wie ein Brummkreisel, der sich immerzu dreht und nicht zur Ruhe kommt. Selbst am Abend und in der Nacht dreht er sich in meinem Kopf weiter. Die Sorgen verfolgen mich bis in meine Träume und sind auch gleich wieder da, wenn ich am Morgen wach werde.

Brummkreiselgedanken ... Ein erfahrener Kollege hat mir vor vielen Jahren einen Rat gegeben, wie ich damit umgehen kann.

„Nehmen Sie einen wichtigen Satz, der für Sie gilt. Nehmen Sie diesen Satz und wiederholen Sie ihn immer wieder, wenn die Sorgengedanken sich drehen. Denken Sie fest an diesen Satz und lassen Sie ihn ganz in sich eindringen. Dann werden Sie langsam Ruhe finden. Der Satz wird irgendwann stärker als der Brummkreisel in Ihrem Kopf."

Ein Satz, der für Sie gilt ... Ich weiß noch genau, welchen Satz er selbst hatte. Es war: „Jesus Christus, erbarme dich unser!" Diese Worte waren für ihn ganz wichtig. Und für mich sind sie es auch. Deshalb konnte ich diesen Satz für mich übernehmen.

„Jesus Christus, erbarme dich unser." Ich weiß, für manche Menschen klingen diese Worte kirchlich und verstaubt. Und weil sie das so empfinden, verstellt sich ihnen leicht, wie wahr und wirksam diese Worte sein können.

„Jesus Christus, erbarme dich unser!" Für mich heißt das, einen Menschen in mein Leben und meine schweren Gedanken hineinzurufen. Einen, von dem andere bezeugen, dass sich durch ihn Gott gezeigt hat: Jesus von Nazareth.

Dieser Jesus hat mir eine Art zu leben vor Augen geführt, die einzigartig und überzeugend ist. Er hat gezeigt, dass manches im Leben ungewiss und unsicher bleibt und dass es auf viele Fragen keine schnellen Antworten gibt. Er ermutigt mich, mir selbst treu zu bleiben und mein Vertrauen in Gott nicht zu verlieren, ganz gleich, wie sehr es um mich herum und in mir drin summt und brummt.

Wohlstand und ein langes Leben, beruflicher Erfolg, privates Glück – für nichts gibt es eine Garantie. Schön, wenn vieles davon eintrifft, aber sicher ist mir nichts. Alles kann sich jeden Tag verändern. Alle Sorgen und Brummkreiselgedanken helfen da nicht weiter.

„Jesus Christus, erbarme dich unser!" Ja, da ist eine himmlische Kraft, die es gut mit mir meint. Der kann ich völlig vertrauen, auch wenn ich manches nicht verstehe. Jeden Tag geht auch für mich die Sonne wieder auf. Menschen begegnen mir und ich habe die Chance, dass etwas Gutes zwischen uns geschieht. Was unklar und schwierig ist, können wir klären, sodass die Liebe wieder Raum gewinnt, in welcher Form auch immer. Was nicht mehr gut wird, kann ich loslassen. Ich vertraue darauf, dass bei Gott mehr möglich ist, als ich hier sehen und tun kann. Das Leben kann mich jeden Tag überraschen, auch mit neuen Wegen und anderen Perspektiven, von denen ich gestern noch nichts gewusst habe.

*Das Leben kann mich jeden Tag überraschen.*

Die Brummkreiselgedanken helfen mir nicht weiter. Eigentlich weiß ich das. Aber wenn sie mich trotzdem nicht loslassen wollen, setze ich einen wichtigen Satz dagegen, der für mich gilt. Auch Sie können Ihren eigenen Satz finden, der für Sie gilt. Für mich gibt es neben dem oben erwähnten inzwischen noch einen anderen. Wenn ich morgens die Füße aus dem Bett nehme, den Fußboden unter mir spüre, dann sage ich in Gedanken: „Du stellst meine Füße auf festen Grund. Und der mich behütet, schläft nicht."

## Tanzen und Spielen

Im Rollstuhl sitzt sie nun – nach einem schweren Schlaganfall. Ein Wunder überhaupt, dass die Lähmung wenigstens teilweise zurückgegangen ist. Die Krankheit hat sie gezeichnet. Sie spricht langsam und mit schwerer Zunge. Man muss genau zuhören, sich einhören, dann versteht man sie recht gut.

Es berührt mich, wie sie da sitzt: in ihrem Rollstuhl, mitten in einer kleinen Wüstenoase. Die Wüste hat sie sich als letzte Station ihres Lebens bewusst ausgesucht. Aber auch bis dorthin sind sie ihr gefolgt, die Reporter und Kameraleute. Es ist ja nicht irgendeine, die dort dem eigenen Tod entgegensehen muss. Es ist Elisabeth Kübler-Ross, die hier Rede und Antwort steht. Früher ist sie bekannt geworden als große Sterbeforscherin. Sie, die Schweizerin, die später nach Amerika gegangen ist, hat viele Interviews mit Sterbenden geführt. Sie wollte mehr über die letzte Station des Lebens erfahren, über all das, was die Menschen dann beunruhigt oder hoffen lässt.

Natürlich wollen die Journalisten, die ihr bis in die Wüste gefolgt sind, vor allem wissen, wie diese Frau es nun selbst hält mit den Ängsten und Fragen. Manche hatten schon geunkt, sie würde nun all das zurücknehmen, was sie einmal an Hoffnungsvollem gesagt habe. Aber hier werden sie eines Besseren belehrt. Trotz großer körperlicher Gebrochenheit klingt das, was sie sagt, überzeugend. Wer sich eingehört hat, bemerkt immer mehr, wie ruhig und klar sie ist. Sie hat es nicht nötig, irgendetwas zu sagen, hinter dem sie nicht voll und ganz steht. Wenn Menschen sprechen, die nichts mehr zu verlieren haben, dann höre ich genau zu. Jedes Wort ist wichtig. Es ist keine Show mehr, keine eitle Selbstdarstellung, keine Effekthascherei. Hier gibt es wirklich nur noch das zu hören, was eine Frau aufgrund ihrer persönlichen Geschichte und Erfahrung zu sagen hat.

„Wenn Sie benennen müssten, was Sie versäumt haben, was wäre das?“, fragt der Journalist.

Frau Kübler-Ross muss nicht lange überlegen. „Ich habe zu wenig getanzt und gespielt“, sagt sie deutlich und klar. Ihre Antwort trifft mich tief. „Ich habe zu wenig getanzt und gespielt …“

Der Reporter setzt nach. „Was würden Sie Menschen sagen, die noch länger zu leben haben, was am Wichtigsten ist im Leben?"

Die Antwort kommt wieder prompt: „In der Schweiz gilt: Wer viel arbeitet, ist ein guter, ein hoch geachteter Mensch. Das ist völliger Unsinn. Genießt das Leben, tanzt und spielt, *so* werdet ihr dem Leben am meisten gerecht."

Ich höre, wie sie es ausspricht, und weiß: Sie hat recht. Das, was Frau Kübler-Ross in der Schweiz erfahren hat, gilt doch für die allermeisten Regionen dieser Welt. Arbeit und Leistung bestimmen darüber, ob ich anerkannt werde unter den Menschen. Ich bin sicher, hier sollten Arbeit und Leistung nicht grundsätzlich in ein schlechtes Licht gerückt werden. Gefährlich ist nur, sie zum Hauptinhalt unseres Lebens zu machen! Dann werden wir dem Leben in der Tat nicht gerecht.

„Genießt das Leben, tanzt und spielt!"

Leben bedeutet nämlich *zuerst*: entdecken und darüber staunen, dass ich Mensch sein kann unter anderen Menschen, unter Pflanzen und Tieren. Es bedeutet, dass ich froh werde über die Sonne am Tag und die Sterne in der Nacht. Ungefragt bin ich in die Welt geworfen, in eine

Schöpfung, deren Vielfalt niemand zählen kann. Tanzen und spielen wäre wohl die angemessene Reaktion auf dieses Wunder, dass ich für eine Weile hier sein kann.

Ich glaube, dass wir dieser ursprünglichen Seite unseres Lebens oft zu wenig Raum lassen. Dabei ist es gerade diese Seite, die uns menschlich macht, die Liebe ermöglicht, die uns spüren lässt, wer wir wirklich sind für andere und uns selbst.

## Bunte Schuhe

All die Jahre habe ich sie aufgehoben, die bunten Schuhe, die so ausgelaufen sind, dass ich sie gar nicht mehr tragen kann. Einige Umzüge haben sie mitgemacht. Leichte Leinenschuhe, mit bunten Kästchen bedruckt. Es wird Zeit, dass ich mich endlich von ihnen trenne, denke ich, als sie mir wieder in den Blick kommen. Aber dann muss ich an Jana denken, meine Nichte.

Was hat dieses kleine Mädchen mit meinen alten, ausgetretenen Schuhen zu tun? Na ja, tragen soll sie die alten Dinger gewiss nicht. Es ist auch ganz in Ordnung, wenn ich sie nun endlich wegwerfe. Ich darf nur nicht vergessen, was sie für mich *bedeuten*. Die Geschichte dieser Schuhe darf nicht verloren gehen, denn die möchte ich Jana irgendwann erzählen.

Damals, in jenem Schuhladen, standen sie plötzlich im Regal und lachten mich an. Die Vernunft in mir fragte: Was willst du mit so bunten Schuhen? Das sind Kasperschuhe, Narrenschuhe, wo kannst du die schon tragen? Aber eine andere Stimme in mir sagte: *Genau diese Schuhe sind es, die du brauchst*. Die haben hier nur auf dich gewartet. Sie passten gut. An diesem Tag also wurde ich die Besitzerin jener bunten Schuhe.

In keinen Schuhen vorher hatte ich so deutlich den Boden unter den Füßen gespürt wie jetzt. Ich spürte das weiche Gras der Sommerwiese, die Unebenheiten eines Feldweges oder den harten Boden der Straße. Wo immer ich ging, ich hatte insgesamt ein ganz anderes Körpergefühl. Jawohl, hier stehe und gehe ich, hier bin ich, lautet die Botschaft meiner Füße an mich. Schon bevor ich geboren wurde, hat mir jemand das Recht eingeräumt, hier auf dieser Erde ein Mensch, ein Mädchen, eine Frau zu sein, die mit beiden Beinen auf dem Boden steht – und vielleicht gerade *deshalb* auch etwas vom Himmel erzählen kann.

Und eben das ist es, was ich Jana, meiner kleinen Nichte, unbedingt zeigen möchte, wenn sie ihre ersten und dann noch viele weitere Schritte auf dieser Erde tut. Sie und alle anderen Kinder dieser Welt sollen es durch alle Körperzellen hindurch spüren, dass eine große Kraft voller Liebe dieses Leben hat werden lassen und uns Boden unter die Füße gegeben hat. Es ist ein Boden, der trägt und auf dem sie getrost ihre ersten Schritte machen, ihre Wege suchen und finden sollen. Dabei werden sie sicher auch Umwege gehen. Es wird überhaupt keine Rolle spielen, wie weit sie kommen oder wie schnell sie dabei sind.

*Die Vernunft fragte: Was willst du mit so bunten Schuhen?*

Kinder sollen einmal staunen können über diese einmalige, wunderbare Gelegenheit, ein Mensch zu sein und den ureignen Weg zu gehen. Gewiss, sie werden auch erfahren müssen, dass Menschen es sich und anderen manchmal arg eng machen im Leben. Zum Beispiel beharrt jemand darauf, dass etwas nur genau auf diesem einen Weg, auf diese eine Weise gedacht oder getan werden darf. Er wird böse, wenn jemand Neues probiert. Jana wird dann verstehen, warum es bunte Schuhe, Narrenschuhe sein müssen. Narren dürfen aus der Reihe tanzen, scheinbar verrückte Wege gehen, andere Perspektiven finden und ungewöhnliche Lösungen. Wer gelegentlich die Narrenschuhe anzieht, merkt bald, dass es so eng nicht ist, wie andere einem glauben machen wollen.

Selbstbewusste Kinder sollen heranwachsen – und erfahren, dass sie Boden unter die Füße bekommen haben. So werden sie auch aus enggeführten Wegen wieder herausfinden und ihren ureigenen Weg gehen, auch wenn manche sie dann nicht verstehen.

## Wo dein Fuß noch nie war

Manches, was man als Kind gespielt hat, merkt man sich ein Leben lang. Mein Bruder ist inzwischen längst ein erwachsener Mann, aber gelegentlich erinnert er sich an ein Spiel, das ich mir damals ausgedacht hatte – vor mehr als dreißig Jahren. Das Spiel hieß: „Wo dein Fuß noch nicht war".

Das kleine Dorf, in dem wir lebten, war sozusagen unser Spielfeld. Ich dachte mir irgendeine kleine Ecke aus, von der ich sicher war, dass mein Bruder noch niemals seinen Fuß da hingesetzt hatte. Oft war auch ich selbst noch niemals dort gewesen. Ich führte ihn über Trampelpfade, durch Hauswinkel und Hinterhöfe bis hin zu dieser Stelle. Manchmal landeten wir in einem fremden Garten oder wir fanden uns in einem engen Winkel zwischen zwei Häusern wieder und meinten, uns müsse die Luft ausgehen, so eng war es dort. Ein anderes Mal stiegen wir bis zu den Glocken im Kirchturm. Mein Bruder war fasziniert von dem Innern des Turmes, aber noch mehr von dem weiten Blick, den wir von da oben hatten. Es war spannend für uns, dass sich immer wieder neue Ort fanden, an denen wir noch nie gewesen waren.

Warum ist uns gerade dieses Spiel so lange in Erinnerung geblieben? Nun, der Reiz bestand wohl darin, dass wir dachten, wir würden jeden Winkel des Dorfes kennen. Aber dann standen wir doch wieder auf einem Platz, den unsere Füße vorher noch nicht betreten hatten. Dort haben wir auch uns selbst ganz anders erlebt. Wir bekamen einen anderen Blick, eine neue Perspektive für uns und unsere Umgebung.

Diese Erfahrung erscheint mir ganz wichtig. Oft bemerke ich ja gar nicht mehr, dass das, was ich im Alltag denke und tue, in immer gleichen Bahnen verläuft. Ich vergesse, dass es auch ganz andere Bahnen und Wege gibt. Wenn ich etwas für gut halte, muss das Gegenteil davon schlecht sein – denke ich. Aber vielleicht ist das gar nicht so. Werde ich von einer schweren Krankheit geplagt, so muss ich ein bedauernswerter Mensch sein. Vielleicht ist das aber ganz anders. Tritt der Fall ein, dass ich viele materielle Güter gewinne, so muss ich ein glücklicher Mensch sein. Wie man sich täuschen kann … Nein, nicht immer ist alles so, wie es mir meine gewohnten Denkbahnen sagen wollen.

*Manchmal scheue ich davor zurück, neue Wege zu gehen oder neue Gedanken zu denken.*

Vertraute Bahnen, Wege und Orte sind oft hilfreich. Und doch gibt es Situationen und Augenblicke, in denen komme ich darauf nicht weiter. Dann hilft es, einen Ort aufzusuchen, auf dem mein Fuß noch nie stand, vielleicht auch einen Gedanken zu denken, den ich noch nie zugelassen habe. Nur so kann ich einen neuen Blick bekommen für das, was um mich ist, und für mich selbst.

Oft finde ich diesen Ort alleine. Es tut aber auch gut, wenn jemand ihn mir zeigt oder ihn gemeinsam mit mir entdeckt. Denn manchmal scheue ich davor zurück, neue Wege zu gehen oder neue Gedanken zu denken. Neues macht mich leicht unsicher oder ängstlich. Gemeinsam geht es sich leichter.

Jesus von Nazareth hat seine Freunde auch immer wieder herausgefordert, neue Orte aufzusuchen, innen und außen, neue Gedanken zu denken, neue Wege zu gehen. Das Gesetz ist hilfreich, sagt er, aber es gibt Augenblicke, da muss ich der Liebe folgen, damit Heil geschieht unter Menschen. Das größte Zeichen ist nicht Macht und Gewalt, sondern Liebe. Letzte können Erste sein – und Geringgeschätzte in Wahrheit ganz groß.

„Kehrt um!“, fordert er die Menschen auf. „Verändert euren Sinn.“ Ich bin sicher, dass er damit auch gemeint hat: „Geh an einen Ort, an dem dein Fuß noch nie war.“

## Und die Braut hat gebetet

Was für eine schöne Hochzeit! Zuerst die feierliche Trauung in der Kirche, dann die festlich hergerichtete Kaffeetafel mit vielen Gästen im Gemeindehaus …

Der Bräutigam sagt ein paar Worte zur Eröffnung. Dass sie sich freuen über alle, die heute gekommen sind und mit ihnen ihr Glück feiern – und nun sei die Kaffeetafel eröffnet!

Die Gäste wollen der Aufforderung gerade nachkommen, da erhebt sich kurzerhand die Braut und beginnt zu sprechen. Abgesprochen scheint das nicht, denn der Bräutigam schaut überrascht zu ihr hoch, ebenso die Eltern und Schwiegereltern, die rechts und links von ihnen sitzen. Alle sind gespannt, was jetzt kommt.

„Ich bin so froh und glücklich, dass mein Herz überfließt und ich etwas sagen muss. Ich will es aber nicht einfach so sagen, sondern ich will beten."

Manche Gäste schauen etwas irritiert, andere sind nur neugierig. Wie auch immer, die Worte der Braut bewirken, dass es ganz still wird im Raum.

„Was hat sie gesagt?", fragt der schwerhörige Onkel halblaut in die Stille hinein. „Sie will beten", antwortet seine Frau. Der Onkel nickt.

„Lieber Gott …", beginnt die junge Frau noch etwas unsicher. Aber dann wird ihre Stimme nach und nach fester. „Ich habe so viel, worüber ich mich freue und sehr glücklich bin. Es ist wunderbar, dass ich Tobias, meinem Mann, begegnet bin und wir nun zusammengehören. Aber es gibt noch viel mehr in meinem Leben, wofür ich dankbar bin. Ich bin froh über meine Eltern, die immer für mich da waren, auch in schwierigeren Zeiten. Ich habe Freundinnen und Freunde, die zu mir halten, und es gibt noch vieles mehr, worüber ich dankbar bin. Was mich aber am meisten heute bewegt, ist der Gedanke an meine Großmutter. Sie kann heute nicht hier sein, weil sie sich zu schwach fühlt. Aber gerade an sie muss ich heute so sehr denken. Sie liebt mich auf eine ganz besondere Weise und sie hat mein Herz geprägt. Sie hat mir geholfen, nicht verbittert zu werden, wenn jemand ungerecht zu mir war oder böse. Dadurch, dass meine Großmutter mich so sehr geliebt hat, ist meine eigene Liebe zu allem Leben bewahrt worden und ich kann sie weitergeben. Lieber Gott, ich danke dir heute besonders für meine Großmutter. Amen."

*Es tut gut, den Dank auszusprechen – Menschen und Gott gegenüber.*

In dem großen Raum ist es ganz still. Die letzten Worte klingen noch nach. Der schwerhörige Onkel nickt der Braut zu und wischt sich verstohlen eine Träne weg. Das Wesentliche hat er verstanden, denn er hatte nicht nur mit den Ohren, sondern auch mit dem Herzen gehört. Viele haben mit dem Herzen gehört. Und als sie später anderen von der Hochzeit erzählen, hört man nicht selten den Satz: „Eine schöne Hochzeit war's – und die Braut hat gebetet."

Ja, es war ungewöhnlich für alle, die dabei waren. So haben sie es empfunden. Aber irgendwie hat es sie auch beeindruckt. Fröhlich feiern, das kennt jeder. Aber so aus der Herzenstiefe froh sein, dass ich mich wie von selbst erinnere, wem ich mein Glück verdanke – und dass dieser Dank auch ausgesprochen und gehört werden will –, das sind besondere Momente.

Ich bin sicher, wir alle erleben solche Momente.

Gewiss ist vieles nicht leicht in meinem Leben. Aber wer hat mir geholfen, daran nicht zu zerbrechen? Ich wurde schon schmerzlich enttäuscht, aber da gibt es Menschen, um derentwillen ich noch vertrauen, noch lieben kann. In manchen Augenblicken, wenn ich ganz froh bin und meine Freude überströmt, dann spüre ich auch einen tiefen Dank. Es tut gut, diesen Dank dann auszusprechen – Menschen und Gott gegenüber. Einfach so, irgendwann am Tage, wo auch immer ich bin ... Vielleicht heute? Es muss durchaus nicht immer eine Hochzeit sein, die das Herz überströmen lässt.

# Manchmal mache ich mir ein Feuer

„Manchmal mache ich mir ein Feuer." Die Frau, die das sagt, macht vieles anders als andere Leute ... Und manchmal macht sie sich eben ein Feuer. Ich kenne sie schon eine ganze Weile.

In ihrem Garten hat sie einen kleinen Feuerplatz, wenige Schritte hinter dem Ahornbaum. Es sind ganz verschiedene Dinge, die sie da gelegentlich verbrennt. Manchmal sind es Zweige und Holzstücke, die sie von Waldspaziergängen mitgebracht hat. Ein anderes Mal Reste von Latten und Brettern, der vertrocknete Weihnachtsbaum, ein zerbrochener Besenstiel. Brennt das Feuer erst einmal, werden auch einzelne besondere Sachen hineingeworfen: ein alter Zweig, der monatelang in einer Zimmerecke gestanden hat und auf dem Bilder und Kerzen befestigt waren, ein lange vertrockneter Blumenstrauß, Briefe, die sich überlebt haben, Federn, die sie gefunden und für eine Weile aufgehoben hat ...

„Feuer reinigt", sagt sie, wirft nach und nach all die Dinge in die Flammen und blickt andächtig in ihr lebendiges Licht. „Auch das Alte, Schwere, das vielleicht mit schmerzlichen Erinnerungen verknüpft ist, wird in neue, gute Energie umgewandelt."

Irgendwann lud sie mich einmal ein, mit ihr am Feuer zu sitzen. Es war eine milde Spätsommernacht. Ruhig saß sie da und ihre dunklen Augen blickten in die Glut. Auch ich wurde immer ruhiger. Zusammen am Feuer sitzen hat etwas Tröstliches, dachte ich. Je länger man schweigend dasitzt, umso mehr verliert man das Gefühl für Zeit und Raum. Viele Gedanken und Erinnerungen kommen hervor.

*Nah am Feuer klären sich die Gedanken.*

Irgendwann fiel mir Mose ein, der junge Mose, der die Schafe seines Schwiegervaters hütete und plötzlich jenen brennenden Dornbusch sah. Dort am Feuer sprach Gott zu ihm, sagte ihm, welche große Aufgabe er vor sich habe, nämlich dass er sein Volk aus fremder Knechtschaft herausführen solle. Und obwohl Mose Einwände hatte und an seinen Qualitäten zweifelte, tat er es schließlich doch. Er folgte seiner Bestimmung.

Wir stellen uns oft vor, Gott habe mit lauter, kräftiger oder gar donnernder Stimme zu Mose geredet. Aber hier am Feuer kommt mir in den Sinn, dass es auch ganz anders gewesen sein könnte. „Feuer reinigt und wandelt", hat meine Bekannte gesagt. Vielleicht war das auch bei Mose der Fall. Schließlich machte er sich viele

Gedanken um sein Volk, wünschte so sehr, dass es endlich nicht mehr gequält und unterdrückt würde.

Nah am Feuer klären sich die Gedanken. Vieles löst sich, was einen tagsüber gefangen hält. Geist und Seele lassen frei, was in der Tiefe meines Seins verborgen liegt. Feuer reinigt. Mir wird bewusst, was mir wirklich wichtig ist, was ich eigentlich leben will und was nicht.

So ähnlich kann es auch bei Mose gewesen sein. Was tief in ihm war, wurde durch das Feuer des Busches ans Licht geholt, gestärkt. Wie auch immer – hier am Feuer klärt sich ganz viel – mit immensen Folgen, sowohl für Mose als auch für das ganzes Volk.

„Manchmal mache ich mir ein Feuer", sagt die Frau, die ich jetzt eine Weile schon kenne. Und seit ich mit ihr dort schweigend am Feuer gesessen habe, weiß ich auch, warum sie das tut. Feuer reinigt und klärt. Auch das, was tief in mir verborgen ist, kann nach und nach deutlich werden. Ich höre meine innere Stimme wieder besser, die mir sagt, was wirklich wichtig für mich ist, was meine Bestimmung ist. Vieles, was diese Stimme überlagert hat, löst sich auf. Ich kann deutlicher hören. Und darum mache ich mir nun auch manchmal ein Feuer ...

# Begegnung im Elsass

Zuerst dachten viele, Bettina hätte sich verliebt. Eine Woche lang hat sie Herbsturlaub gehabt und ist mit einer Freundin im Elsass gewesen. Als sie von dort wieder zurückkam, wirkte sie irgendwie verändert.

Wer Bettina kennt, weiß, dass sie nicht still sitzen kann. Immerzu hat sie etwas zu planen und zu schaffen. Jetzt aber kann man sie auch anders erleben. Mitten am Nachmittag steht sie zum Beispiel am alten Nussbaum im Garten und träumt vor sich hin.

„Warum schaust du mich so lange an?“, fragt ihr Sohn am Abend.

„Ach, ich freue mich nur, dass du da bist“, antwortet sie und lächelt.

Auch die Nachbarin macht sich ihre Gedanken. „Bettina fährt morgens nicht mehr so gehetzt und auf den letzten Drücker zur Arbeit“, stellt sie fest. „Sie lacht sogar manchmal und winkt zu mir herüber. Wer weiß … Ob sie nicht doch verliebt ist?“

Als sie sich endlich zu fragen traut, strahlt Bettina sie an. „Nein, verliebt bin ich nicht“, meint sie, „jedenfalls nicht so, wie Sie denken. Vielleicht bin ich aber … verliebt ins Leben.“ Und dann erzählt sie der Nachbarin, was sie im Elsass erlebt hat.

„In einem einfachen, etwas schäbig wirkenden Haus am Waldrand haben wir einen jungen Franzosen getroffen. Er mochte etwa Ende dreißig sein …“

„Also doch …“, denkt die Nachbarin. Aber die Geschichte geht ganz anders weiter.

„Eigentlich haben wir ihn besucht, weil bekannt war, dass er eine kleine Schnapsbrennerei betreibt. Voller Begeisterung hat er uns die einfache Anlage in seinem Keller gezeigt. Einige Flaschen standen in einem Nebenraum auf alten Holzregalen zum Verkauf. Die Etiketten malt er übrigens selbst an den Abenden.

*Ich bin mit allen Sinnen dabei, wenn ich einen frischen Apfelkuchen aus dem Herd hole …*

Die Brennerei braucht auch eine Kühlung, hat er uns erklärt. Dann hat er uns zu einer Wasserquelle im Wald geführt, die er selbst gefunden und aufgegraben hat. Ein Schlauch verbindet nun die Quelle mit der Brennerei im Keller. Und so fließt frisches kühles Quellwasser ins Haus – eine einfache, aber wirksame Konstruktion. Wissen Sie, er kann sich über kleinste Dinge richtig von innen heraus freuen. Er scheint ganz mit sich im Einklang zu sein, strahlt Ruhe aus und

Zuversicht. Ich hatte das Gefühl: *Jetzt habe ich einen glücklichen Menschen getroffen!* Das war alles. Aber für mich ist es viel.

Der Mann hätte über einiges klagen können. Das Haus war nicht im besten Zustand. Und auch der Gartenzaun hätte dringend ausgebessert werden müssen. Früher hat er tagsüber in der nahe gelegenen Fabrik gearbeitet, die kleine Brennerei ist nur ein Nebenerwerb. Aber die Fabrik hatte schließen müssen, deshalb ist er nun arbeitslos. Das hat ihn aber durchaus nicht aus dem Gleichgewicht gebracht.

Wissen Sie", sagt Bettina schließlich, „ich will an jedem Tag viel bewusster leben. Im Herbst will ich die Walnüsse unter meinem Baum aufsammeln – und an nichts anderes denken als daran, dass es schön ist, einen solchen Baum zu haben. Ich sehe meine Kinder zwischendurch einfach nur an und freue mich, dass sie da sind. Ich bin mit allen Sinnen dabei, wenn ich einen frischen Apfelkuchen aus dem Herd hole … Seit ich so lebe, spüre ich viel mehr Liebe zum Leben, wie es ist. Selbst in schweren Momenten."

Ich denke, dass Bettina eine wichtige Erfahrung gemacht hat. Vieles, was um uns herum geschieht, macht mich unsicher, misstrauisch, vielleicht sogar bitter. Wenn ich allerdings meinen Blick *nur* darauf richte, entgeht mir, was das Leben ja *auch noch* ist: etwa das Licht und die Farben im Jahreskreis ... oder auch nur der Duft von frischgebackenem Apfelkuchen. Wie schön, dass da Menschen sind, über deren Dasein ich sehr froh bin. Mit dieser Sichtweise gewinne ich ein Stück Vertrauen ins Leben zurück, trotz allem. Ich gewinne Vertrauen in die einzigartige Kraft, die mir das Wunder geschenkt hat, zu leben.

## Eine schöne Handschrift

Im Klassenzimmer war es ganz still. Wir Kinder saßen über unsere Hefte gebeugt und schrieben ab, was die Lehrerin gerade an die Tafel schrieb. Ich hörte, wie sie die Kreide mit weichem Strich über die Tafel führte. Mit ihrer feinen Handschrift entstand immer mehr ein Text ...

Zwölf Jahre alt war ich damals. Und doch weiß ich heute noch genau, wie sehr mir diese Handschrift gefallen hat. Sie wirkte so klar und fest, hatte so schöne Bögen und ein paar Besonderheiten, die ich nicht genau beschreiben konnte. Blickte ich dagegen auf mein Heft, dann war ich enttäuscht. Ich strengte mich an, doch irgendwie wollte die Schrift nicht so klar und freundlich werden. Die Buchstaben wurden unterschiedlich in Form und Größe, wie sehr ich mich auch mühte. So eine schöne Schrift wie diese Lehrerin wollte ich gerne haben. Aber selbst als ich mich abends in Ruhe hinsetzte und übte – es gelang mir nicht.

*Das Leben mit all seinen Erfahrungen – es prägt mich innerlich und äußerlich.*

Diese kleine Begebenheit hätte ich längst vergessen, wenn nicht viele Jahre später jemand zu mir gesagt hätte: „Ach, was hast du doch für eine schöne Handschrift!“

In diesem Augenblick fiel mir die Situation von damals wieder ein, als ich zwölf Jahre alt war. Ich schaute meine heutige Schrift genauer an. Tatsächlich, das war eine richtige Handschrift geworden. Sie sah zwar ganz anders aus als die viel bewunderte Schrift der Lehrerin von damals, doch mit den Jahren war sie klarer und regelmäßiger geworden, hatte ihren ganz eigenen Charakter bekommen.

Viel hatte ich mit der Hand geschrieben in dieser Zeit … während des Studiums und privat. Viel war geschehen, Schweres und auch sehr Schönes. Das Leben, wie es bis dahin gewesen war, hatte Spuren in mir hinterlassen. Und eine dieser Spuren war meine Handschrift.

In diesem Moment verstand ich, dass es vieles einfach nicht vorweggibt. Manches muss sich im Leben entwickeln und braucht dazu eine gewisse Zeit. Ich kann diese Zeit nicht bestimmen, ebenso wenig, wie ich bestimmen konnte, mit zwölf Jahren eine ausgereifte Handschrift zu haben wie die Lehrerin. Das Leben mit all seinen Erfahrungen – es prägt mich innerlich und äußerlich. Ob mein Gesicht harte Züge bekommen hat oder eher weiche, was ich denke und wie ich mich verhalte, ja auch meine Handschrift ... Ich bin froh, dass ich Zeit zum Reifen habe. Und ich bin gespannt, wie es noch wird mit mir in dieser Welt.

# Anmerkungen

1 Dietrich Bonhoeffer, Widerstand und Ergebung, S. 73
2 Dietrich Bonhoeffer, Widerstand und Ergebung, S. 163, Notiz vom 21.6.1944

Regina Rosenkranz

Mensch, dich schickt der Himmel

Begegnungen mit
Engeln des Alltags

80 Seiten, Taschenbuch
ISBN 978-3-7655-4117-9

Engel des Alltags? Denken Sie da auch gleich an Mutter Teresa oder den ADAC? Dabei können es ganz normale Menschen sein, die einem im rechten Moment der Himmel schickt. Sie begegnen uns vielleicht nur flüchtig auf dem Bahnsteig, in der Telefonhotline oder im Krankenhausflur. Mit einem verständnisvollen Augenzwinkern, einer aufmunternden Bemerkung oder einem praktischen Tipp. Keiner von ihnen würde sich vermutlich als „Engel" fühlen. Aber sie alle waren im richtigen Moment zur Stelle, als sie gebraucht wurden.

BRUNNEN VERLAG GIESSEN
www.brunnen-verlag.de